U0154533

如何成功念好法律

法律人專業學習方法

林恩瑋 著

五南圖書出版公司 印行

羅 序

　　一般人對「讀法律」可能有幾種直覺的看法，包括「讀法律很難」、
「讀法律很有用」、「讀法律將來可以有很好的職業及社會地位」。對於
那些覺得讀法律有用，且會有相當好的職業及社會地位，卻又覺得很不容
易讀得好的人來說，如何克服心理及實際的障礙，順利進入這個領域，且
將來在法律工作上有所表現，自然十分重要。

　　《如何成功念好法律》這本書，正可以帶領那些正在猶豫是否成為法
律人或即將成為法律人的年輕學子，用比較健康、正確及有自信的心態，
順利進入法律領域。這本書甚至對於那些念法律已有一段時間卻始終摸不
著頭緒的人來說，都會很有用。

　　年輕人要知道，縱使在法律專業領域非常成功的人，在念法律之初，
多數都曾經對如何有效進入法律的殿堂，進而掌握複雜且結構嚴謹的法律
體系，有過迷惘或不知所措。許多人經過一段時間摸索，順利克服困難，
並進而對探索及解決法律問題，樂在其中。有些人需要多一點時間達成這
個目標。也有許多人則自始至終沒有掌握學習的方法，而沒有真正進入法
律的殿堂。

　　這種摸索的時間，只要有適當的引導，其實是可以有效縮短的。林
恩瑋教授的《如何成功念好法律》這本書，有系統地針對接觸法律前的心
理建設、若干觀念（如名師、名著、法律概念等）的釐清；學校裡撰寫報
告、做筆記、組成讀書會、討論與聆聽、閱讀等方法；以及準備考試時必
須掌握的目標設定、時間管理、答題方法等，逐步且詳細介紹。內容非常

實用。我至今還沒有看到其他人，那麼有心、那麼有系統、按部就班的，完整撰寫一本書，來引領年輕學子，進入法律的殿堂。

雖然每個成功的法律人學習的過程未必完全相同，但這本書所介紹的多數步驟與方法，顯然是絕大多數成功念好法律的人共同的做法。年輕讀者應該感覺很幸運，不用再自行摸索，而有一本書將經驗完整地傳授給你們。這本書一定會是這一代年輕人成功念好法律的一大利器。我也對林恩瑋教授在這件事情上的用心與貢獻，表達敬佩之意。

羅昌發

司法院大法官、

前臺大講座教授及終身特聘教授、

前臺大法律學院院長

顧 序

　　回想我當年剛轉入法律系時，對於如何能夠精準地掌握各項法律概念的意涵，也常感茫然，而就一個法學初入門者，由於對整個法律理論體系還欠缺通盤理解，老師也只是依照其所負責的門科、課程，片段片段講授，當時聽得心中真的滿是疑惑，根本無力提出什麼問題。

　　在本書中，作者對初開始修習法律者提出剴切建議，即先從閱讀法學名著出發，經由此等法學名著所引據的觀點與論述方式，將初看起來生硬死板的法律條文先在腦中活化，再藉著對各項法律名詞定義的確實掌握，盡心思考如何提問、拆解各項法律概念，本著不斷嘗試提出問題與尋求具有方法論的解答的學習方法，逐步建立起自己對法學理論體系結構性的理解。作者進一步告訴所有初學法律者，有關複習筆記的重要性。透過此種筆記方式將老師或任何演講者所講授的內容，以及自己閱讀、搜尋所得資料嘗試認真加以整理，分段定下標題，並描繪出結構，更要舉出實例，以提出問題，然後試著從所整理出來的結構，看看能否結構性地解答該問題。藉由此種整理，加上同學間包括以讀書會方式相互思辨與討論，並反覆練習如何能有系統地以口頭或書面陳述所理解的法律概念與架構，才能日益精進對法律的通曉與體會。

　　最後在此特別引用作者在本書中所說的兩段話與大家分享：「法律如果不經過一番辨異，概念是不會鮮活的；概念如果沒有經過舉例，知識就是死的，死知識是沒有任何用處的」，而「對於社會事實學習如何以法律定性，這是深入研究法律時所不可不知的關鍵」。希望每位讀完本書的人都能因此獲得有效學習法律的方法，並在學習法律的過程中感到樂趣。

顧立雄　律師

四版序

本書從2011年出版以來，其中遭逢國家考試制度變革，且新的科學技術不斷發展，連帶也影響到新一代法律人的學習方式。2019年三版時，曾經因應這些變化進行了重新的改版，而近年來，雲端網路的技術躍進，人工智慧（AI）的研究突破，ChatGPT4.0問世，同樣也重新塑造了新的學習環境。雖然，在這些科技新技術成熟之前，提出任何新式學習方式似乎有點言之過早，但觀察新一代法律人將來會如何運用這些技術，更高效地學習法律知識，進而推行實作，相信會是一件很有趣的事情。

同時，從本書第三版後，我國司法實務體系也有一些變化，其中首推憲法訴訟法的施行，使得原來存在70餘年的大法官會議改制成為了憲法法庭，因此憲法法庭的裁判，同樣也成為新一代法律人所必須重視的法源之一。

有鑑於這些客觀環境的改變，本書第四版特進行修正增補，希望能夠提供讀者們在學習上更實用的建議。同樣地，我個人也希望讀者們能夠繼續支持本書，並協助指出書中的一些問題，共同精進學習，讓更多新一代的法律人能夠少走些冤枉路。詩云「有匪君子，如切如磋，如琢如磨。」要為至盼。

林恩瑋
2023年3月於台中東海大學

序言

　　筆者在高中畢業之後，選填志願時因為好奇而進入了法律的世界。轉眼間二十幾年就這麼過去了，一路走來，跌跌撞撞，真是點滴在心頭。

　　其實，撰寫這本小書的構想，已經醞釀有一段時間了。一直以來，筆者總覺得，如果當初在學習法律時，能夠多聽取一些前輩們的意見，或許這條路可以走得更順暢、更平穩些。西元2000年，個人負笈留學法國，在旅法的這幾年間，除了讚嘆法國法學者的勤勞治學及嚴謹工作態度之外，更對於法國坊間隨時可見法律學習方法的相關論著印象深刻。回顧我國，似乎在如何學習法律的「方法」上，仍缺乏一套比較有系統的專門書籍對之論述。這可能是因為法學的學習或研究的「方法」，很難找到一個一般性的標準；另一方面，也可能是因為「如何掌握學習法律的方法」與個人治學的習慣及態度有關，這是個非常私人性的主題，所以相對於學術本身的研究，國內的學者並不是那麼地熱衷論述。這使得許多有效、有趣的學習方法，多半只能流於口耳相傳，無法嘉惠更多的法律學習者，筆者認為這實在是很可惜的一件事。

　　因此，拙筆不揣簡陋，笨鳥先飛，在此，願將個人這些年來一些學習法律的心得，以及與他人討論後所得的靈感，整理撰寫成這本小書，希望對於學習法律的新鮮人們能夠有所助益，有所啟發。不過，筆者個人的學問與智慮都還是很淺薄的，書中出現許多不周到與不詳盡的部分，相信在所難免，在此，願虛心地請各界賢達先進們不吝給予本書批評與指教，讓本書能夠精益求精，一同在學習法律的道路上共同砥礪，尋找學問的趣味，相信這也會是本書讀者們的共同期望。

　　本書之完成，端賴筆者家人們在著述過程中的一切協助與容忍。筆者更要感謝羅昌發大法官與顧立雄律師在百忙中撥冗為本書撰寫推薦序，能夠得到兩位法學前輩的鼓勵與支持，至感榮幸，特此誌之，以表謝忱。

林恩瑋

2011年8月於東海大學

目 錄

PART1　緒論篇

PRAT2　學校篇

PART3　國家考試篇

PART4　結語

PART5　附錄

導 論

—— 關於《如何成功念好法律》這本書

《論語・季氏篇》曾記載孔老夫子說的一段話：「生而知之者，上也；學而知之者，次也；困而學之，又其次也。困而不學，民斯為下矣！」

在孔老夫子眼中，人大概就是分成這四類：第一種人是生而知之，這種人算是天才，古今罕有，舉世無雙；第二種、第三種人是學而知之或困而學之，大多數人都是這樣子獲得學問的。最糟糕的應該算是那種困而不學，碰到一點挫折就打退堂鼓的人，這種人就算接觸的學問再廣再深，對他也是一點意義都沒有的。

事實上，我們都是平凡人，但經過各自的「困學」，也可以使我們漸漸脫離生手、新人的階段，轉向成為一個專業、精準的行家。

在現代社會中，談到「法律人」三個字，多少讓人感覺有某種「社會菁英」的意味。然而，在這個所謂的菁英團體之中，我們卻很少看到這些菁英們將其各自的學習方法，做有系統的傳承與介紹，這實在是非常可惜的。

本書之寫成，目的就是希望填補這個空隙，透過系統化的介紹，筆者希望給予讀者一個方向，以便在面對複雜的法律課程時，不至於無所適從。

　　我們知道，法學教育在台灣，主要是列在大學或大學之後的高等教育階段。高等教育有其特殊性，講求培養獨立思考以及自發性的學習。在每個大學裡，我們都不乏聽到有人一再強調獨立思考與主動學習的重要性，然而究竟要如何獨立思考？又該如何主動學習？在「學習方法」的傳授上，台灣的大學教育卻往往不去正視這個問題。

　　筆者期待所謂的獨立思考與主動學習，不要在高等教育中成為一種口號或空話。因此，筆者希望能夠提供一系列實用並有效率的學習法律方法建議，給本書的讀者。

　　在本書第二篇中，筆者將針對如何聽課、如何寫報告、如何記筆記，乃至於如何組讀書會等這些在高等教育中常見的學習方式，做「理論上」與「實際上」的詳細建議與說明。讀者若期待自己成為一個具備主動學習與更新能力的法律人，就絕對不能夠忽略這些細節，特別是計畫進一步對法律從事深入研究時，更該注意與掌握這些學習上的重點與方法。

　　當然，除了深入研究法律之外，法律人所面臨的第二項考驗，便是國家考試的競爭。關於考試的準備，坊間其實不乏各種叢書介紹，但是對於法律類科的考試應該如何因應，相關的專書仍然非常缺乏。

　　有鑑於國家考試在一位法律人的成長中所占有的重要性，特別是在今日的台灣社會中，國家考試的及格與否似乎仍是一般人判斷法律專業的一項重要標準。因此，在本書第三篇中，筆者試圖提出一些過來人的建議與策略，希望讀者在閱讀這些建議時，能夠得到一些準備考試上的啓發。從目標的確立，一直到答題的方法，乃至於考場上所應該注意的事項，本書都有相關的討論。

　　提出這些學習方法，最重要的目的並非希望讀者照本宣科，完全地

比照操作（當然，讀者若能完全比照本書建議的方法研讀法律，定將受益匪淺），而是希望讀者在採行自己的讀書方法之餘，檢驗是否仍需修正或改良自己既存的一些讀書習慣，進而互相砥礪，取長補短。筆者不敢說所提供的方法就是「唯一可行」的方法，但至少這是「相當可行」的方法之一，並且是經實際驗證過的。

　學海無涯，如何在有限的人生中，掌握自己有限的精力與時間，踏實地完成自己的工作，「方法」占了相當重要的部分。過去法律人很少談方法，我們認為這是很可惜的。對於「方法」的傳承，更是我們應該著重與討論的部分。這些前人經驗與智慧的結晶，可以作為來者之師。有時候，這些研究法學的「方法」更代表了吾人如何看待法律這門學科所應該具有之視野，這也是我們在緒論篇中將要討論的，有關學習法律的中心思想與基本態度與觀念。

　無論如何，本書對讀者或筆者而言，都是一項新穎的經驗與嘗試。筆者期待這是一個好的開始；至少在交流法律人彼此的學習方法經驗上，本書可以作為一個基石。只要讀者們願意去嘗試、去落實，必定會有所收穫的。

　那麼，還等什麼呢？我們現在就開始吧！

PART 1

緒論篇

在緒論的部分，我們將分為數章向讀者們介紹，在入門時所應該注意的一些事項。

　　從接觸法律前的心理建設，一直到中心思想的建立，緒論篇的重點在於讓讀者對學習法律有概略的理解，進而從中選擇出最適合自己的學習方式。

　　透過緒論篇各章節的闡述，我們希望可以解決讀者以下的問題：

　　一、對於法律學習的茫然與無力感。

　　二、對於所謂法律名著、法學名師的無所適從感。

　　三、對於哪些法律概念是必須切實掌握的。

　　四、是不是只要念一本書就足以應付考試，學好法律？

　　五、學習法律的中心思想要怎麼建立？

第 1 章

接觸法律前的心理建設

我為什麼要念法律？

　　對一個法律新鮮人而言，初接觸法律這門學科確實是一件令人感到興奮的事情。這不但意味著你將從那一群對法律完全外行的人們中脫穎而出，並且象徵著你將對這個一般印象中生澀、艱難的法律詞彙與概念有相當的理解與掌握。「法律人」三個字，多少令人感到有種出類拔萃的味道，不是嗎？（雖然念法律不表示你的智慧就是高人一等，至少給人的印象是你不好欺負）。

　　然而在我看來，在接觸法律前，甚至在熟悉法律規則的數年之後，我們仍然需要不斷地問自己這個問題：「我為什麼要念法律？」

　　這個問題可以這樣看：對於法律新手而言，學習法律的「動機」可能來自於許多，或許是因為日常生活的不順遂，感受到法律對於人民的重要性；或許是因為想要主持正義，認為唯有透過法律的力量，才能實現這項目標；又或許只是很單純的因為在選填志願時碰巧勾上了法律系，因此「不得已」地學習法律……。無論如何，學習法律的「動機」與「背景」可能有許多種，但那都不會影響到我們最初提出的這項問題：「我為什麼要念法律？」

　　一項專業的養成，從開始到結束，最後的體會與最初的動機都不會相同。在這裡，必須提醒法律新鮮人的是，我們必須要非常清楚的明白一件事情：所謂學習的「動機」，和學習的「目的」是不一樣的。

學習「動機」與學習「目的」

「動機」作為一種靈感的啟發，用一個比喻來說，所謂的學習動機，只是讓你進入法律這個專業殿堂大門的一把鑰匙而已。但學習「目的」則不止於此。

對一個法律人來說，整個法律的學習過程，就好像是拿著一根小蠟燭，進入到一個漆黑的殿堂一般。在微弱的光線下，你看不清前方，也看不清後方。而你的學習目的，就有如你手中僅有的那根蠟燭一樣，它是讓你確定你在哪裡，以及為什麼處於現在這個位置的重要關鍵。

無論一件事物多麼有趣，當這個事物成為你的專業之後，通常就很難維持當初所呈現的那種魅力。這是「專業」的宿命，也是一個法律新鮮人所不可不知的。就如同我們看到在電視節目上出現的法官、律師們般，外行人可能是被他們光鮮亮麗的外表，被他們所擁有的名牌西裝或奢侈行頭所吸引，而內行人著重的部分，卻是在光鮮的外表下，所呈現出來的邏輯談吐與優雅言辭的內容。換句話說，喜歡看「愛上檢察官」或是「情定地檢署」一類的連續劇是一回事，但要真正當上律師或檢察官，向別人表現你的法律專業，那又是另一回事了。

定律十分清楚：光憑藉著最初學習的動機，事實上是不能讓我們在專業的領域中持久下去的。

必須不斷確認自己學習目的

如果一個法律新鮮人想要學好法律，就必須不斷地在學習法律的各個階段中，重複地問自己這個問題：「我為什麼要念法律？」然後，再追問自己一個問題：「我已經達到我想念法律的目的了嗎？」

鑑於國家考試的困難性，許多法律的學習者很容易在畢業之後就陷入這種恐怖的循環中：念法律→目標→考律師司法官→落榜→目標再確立→考律師司法官→落榜……。我們用一個例子來說明這種恐怖循環所造成的偏差：以一個二十二歲畢業的年輕人來說，為了通過國家考試而全心準備

了三年，卻仍然落榜沒上，在這種情形下，這樣的結果容易讓這個可憐的年輕人產生自我懷疑的心理，而走向一個極端。相反地，假設這個年輕人僥倖地在第一年就通過國家考試，少年得志的結果，也很容易讓他滋生出驕傲與自滿的情緒，或許又將走向另一個極端。「恐龍法官」也罷，「娃娃律師」也罷，無論如何，這種走極端的結果都不是我們所樂於見到的，也不符合社會大眾對於法律人的期待。因此，在開始講述讀書方法時，我們必須，也有必要，向新手們提醒學習法律的目的——無時無刻，你都要問自己這個問題：

「我為什麼要念法律？我已經達到我想念法律的目的了嗎？」

要將一件事情處理好，最重要的是自己能不能慎重對待這件事情。這種慎重對待自己專業的態度，是非常重要的，它左右了你在這行是否能夠持續並長久地發光發熱。時時檢查自己學習目的的意義，在於培養一個你認為應該具備的專業態度，以說服你在漫長的學習過程中不至於漫無目的地虛耗光陰。

如果只是因為大家去做這件事情，而你也只是因為沒有多想便跟著去做；或是，你根本無法對自己所學的知識產生認同，卻又因為法律系學生的身分而放不下這份工作，最終的結果，都將導致你無法跨越某個階段，進而產生嚴重的挫折感。這樣的人生，對自己而言，是一種不幸，對他人來說，也會產生不良的影響。

因為，法律是一門價值判斷的學問：如果自己無法判斷自己的價值，我們又怎能去衡量別人的價值呢？

認識法律之前，必須要認識你自己，這是第一個，也是最後一個功課。

那麼，法律這個學科，究竟又是什麼？

法律學科的特性：屬地性強

法律是一門屬地性十分強烈的科目。[1]也因此，對於法律新鮮人而言，他會很快地發現在學習法律的過程中，幾乎找不到「原文書」。在法律學的領域，所謂的原文書，其實就是使用該國語言所撰寫的法學文獻。

就法律學而言，比較、研究外文的法律文獻，只是一種輔助的學術方法。雖然在某種程度上，法律學科的「屬地性」限制了外文書的使用，但這並非意味著外文的法學書籍就沒有參考價值。事實上，就台灣的法律而言，因為法律學發展起步較晚，我們屬於法學的「後進國家」，因此，在法律的制定上，立法者必然將參考大量的外國制度與文獻。也因此，外國的著作與法制沿革、判決解釋等資料，在台灣的法律學術上，仍有著相當重要的地位。

任何一個想要從事法學深入研究的法律學者，都不能夠忽略外國文獻的重要性。然而，每個社會都存在著他們自己獨立的特質。即使是相同的法律制度，移植到不同的社會中，也會產生不同的效果。這些不同的效果，最清楚地呈現，就是具體的司法實務意見，例如：法院的裁定、判決、民刑庭總會的決議、大法官會議的解釋及憲法法庭的裁判等。

實務意見的重要性

所以，學習法律的新手們最容易忽略的基本問題，往往是法律本身所具有的「屬地性」。換句話說，所謂法律的學習，不只是學習現行「法令」的規定而已。事實上，實務的意見才是法律的生命所在。法院的判決或司法院的解釋，都是賦予法律在一個社會裡的新生命。形式上來說，法律是「死」的，這種形容雖然沒什麼大錯，但司法者是「活」的，這句話

---

[1] 所謂「屬地性」可以說是法律這門專業的最明顯象徵。用通俗的話說，所謂屬地性就是法律的「本土化」或「在地化」：一個國家的法律，原則上只會在他自己領土的範圍內產生效力，而不及於領土之外。而每個國家的地域都有他們獨特的文化習慣與風俗，也因著這些微妙的差異性，使得法律的特徵呈現濃厚的屬地色彩。

則更應為法律學習者們所重視。

　　所以，如果想要真正進入法學這個專業領域之中，光是瞭解現行的法律規定和法令系統，其實是不夠的。更重要的還是實務上運作的意見，但這一點卻常常被法律新鮮人所忽略。

　　所謂的法令規範，只是法律學研究的一個部分，更重要的是，這個規範實行在社會上的成果。在很多時候，所謂的法學理論，就是在檢驗特定法律實行於社會時所表現的具體成果。對法律新鮮人而言，很多時候在理解的順序上，常常產生本末倒置的現象：因為考試的關係，法律新鮮人往往在紛雜的法學理論上頭打轉。但是，我們必須指出，這種學習的順序其實是錯誤的。

　　法學理論，並不是法律的唯一根源，很多時候法學理論只是在說明與評價法令，法學理論並不能夠代表法律，因為人不是只靠理論活著的：法學理論，是建築在「人」這個多變的社會基礎上的。

　　也因此，在法律的學習上我們不能本末倒置，僅以法學理論，或是單純的法令研究與背誦為滿足。理想的法律學習方法應該是：先去理解現行法令是什麼，然後再接著觀察司法實務上運作這項法令的現象，最後才是研究法學理論對於相關法律問題的評論與批判。這一系列的順序都是為了檢驗法令的實施效果，而這種研究才能真正碰觸到法律學的重心。

　　一項不能施行的法律，對一個社會而言是沒有意義的。換句話說，只有有效施行在這社會上的法律，才有學習的價值。我們不會去研究一個在火星上施行的法律，因為那是沒有意義的。法學理論固然存在著很多概念，在那兒天馬行空地跑來跑去，但是法律學習者千萬不可因此在一些無謂的術語與修辭上打轉，卻對現實發生的法律問題視而不見，否則便失去研習法律的意義了。

　　法律的學習方法與順序，是決定你在這個專業領域中能不能出類拔萃的關鍵。對於法律新鮮人而言，你絕對不會不懂法律在規定些什麼，但如何正確地去使用法律，進而有系統地組織法學概念，這才是問題所在。

　　對於新手與老手的區別，不是只用學習所投注的時間來判斷的，更重

要的是，一個法律老手，真正的專業人士，要比法律門外漢更懂得如何縮短理解這些複雜法律問題的時間，進而有效率地加以組織，並且進一步地加以掌握。這其中的一個關鍵，就是要掌握住「法律用語」。

　　法律用語以及敘述的方式，往往使得初學者容易望之卻步。但是，法律的用語和敘述方式之所以如此艱澀，主要還是著眼於概念溝通上的便利。這就好像數學上的代數一樣，這些專業用語事實上是為了取代複雜的敘述而生的。因此，對於一個法律初學者而言，如何有效地掌握法律用語與流暢地表達概念，是學習法律之初最重要的課題。

　　對於這些用語和敘述方式的表達，我們可以很容易地在各類的法學論文中取得靈感。在閱讀法學論文時，我們可以從中揣摩與學習到許多精確的敘述方式，這些敘述方式可以協助我們在陳述概念時顯得更有系統、更有條理。

　　「好吧，我認了，那我是不是把這些枯燥、無聊又不知所云的法學論文全部看過就好了？」或許你會這麼絕望地問。

　　當然啦，你其實不需要這麼悲慘地進行法律學的研究，否則這本小書也不會寫出來了。重點還是在於你的學習方法以及學習步驟，應該怎麼安排的問題。

　　所以在接下來的一章裡，我們將有系統地，依序討論相關的學習方法與學習步驟，請讀者們細細揣摩，慢慢思量。

第 2 章 ▶▶▶
對於名師與名著的觀念

何謂教授？何謂名師？

　　全世界的教授，都有著一項共同的特徵，那就是他們具備高度的專業知識。但是，這項特徵並不是天生就具有的，而是經過不斷地研究與思考得來的。

　　所謂的教授，他們也曾經是學生，是新手。教授們的成就，都是在過去的閱讀、分析、理解與實踐中累積而來的。我們尊敬教授們的知識，但也不要忘記，事實上，教授也是人，也有他們第一次遇見的問題，無法理解的問題，或是難以抉擇的問題。

　　從另一個學習的角度來看，教授也和學生是一樣的。教授就是老一點的學生，他們終其身致力於自己的專業研究之上，和你不一樣的地方就是在關於研究所累積的智慧，教授在學術的迷宮花園裡已經走上了許多日子，他們比學生要更知道哪些路可以不需走，哪些時間可以節省起來，去做更有意義的研究。

　　有些法律的新鮮人畏懼教授，但這種畏懼並不是我們一般所理解的那種心理上的恐懼。法律新鮮人不畏懼教授這個「人」，而是畏懼教授的「權威」。因為畏懼教授的權威，將使得學生們不敢輕易提出自己的問題。這種畏懼往往會造成對於法律研究產生認知上的偏差。事實上，這是非常可惜的。教學的可貴，就在於學生與教師間的互動。這種互動所能帶來的價值，往往超乎想像。課堂上不僅只是教授講解課程而已，更重要的是師生之間的互動與討論。課堂是一個讓學生與教師們坦誠相對的地方。如果因為畏懼教授的權威，使得這個互動的關係被割裂了，那麼教學也將

失去意義。

　　對法律的學習者而言，所謂的教授與名師，必須是他們要對自己的學習有意義時才能成立。有的人形容這就彷彿是收音機頻率的問題：對於某些教授的課程講解，人人能接受的程度都不相同，頻率對上了，自然就通行無阻。然而，我們必須要指出的是，與某位法律教授的頻率相合，並不代表學習者就已經真正地理解了法律。這僅僅意味著，某位學習者對於某位教師的觀察意見，是可以接受的。

　　就高等教育而言，一個教授的職責不在於他要如何「教導」學生，而是在於如何「指引」學生一個正確的方向。相對地，對於高等教育的學生而言，到學校上課接受教授的指導，也不是在於全盤接收教授在課堂上傳授的所有概念，而是在於透過教授的講解，進而釐清問題的本質與研究的方向。

　　對於高等教育的學生，我們予以的建議是：重點不在於如何聽講，而在於如何學習。

　　一堂課下來，如果能夠因此對相關的法律問題理解到應該如何去著手切入，如何蒐集到相關的資料並且加以分析，那麼這堂課就是有收穫的。不要妄想只藉由上課的方式獲得所有的學問，上課只是整體法學教育的一環而已，重點在於，學生能不能夠透過上課，養成自己獨立研究，獨立分析的能力。

閱讀名著

　　法學界中，有不少堪稱為「正典」的法學名著。在這些法學名著中，有的作者雖然已經不在世上，或是作品完成的時間距今已有一段時間，然而，都不妨礙我們透過他們的著作，獲得基礎、豐富的法學常識。

　　所謂的法學名著，並不是單純地以考試為導向的法學作品。考試的熱門書籍與名著無關。名著所具備的條件是，不但在基本的法律概念解說上能夠詳盡清楚，並且對於相關法學體系的建立也具有歷史性指標意義。雖

然，這類的法學著作就國家考試而言，並不是最有效率的選擇，但對一個法律新手而言，如果在完全沒有念過這些名著的情形下，想要毫無障礙地建築起自己的一套法學體系，事實上是不容易做到的。

　　因此，閱讀所謂的法學名著，是法學研究上的一項基礎功夫。當然了，讀者並不需要把法學名著的內容整個背誦下來（事實上也不可能），但是對於法學名著所引用的觀點與推論，卻應該要盡快熟悉。法律條文的規範是生硬的、死板的。但是一本法學名著卻可以「活化」這些生硬死板的法律條文，進而建立起「有機性」的法學知識。

　　然而，讀者還是要注意，法學名著雖然對於初學者的基礎十分重要，但那往往只是代表作者個人的意見而已。真正的學問還是在於讀者如何自行演繹法學名著的概念，如何自行歸納各家學說的見解，由博返約，而不是在於如何單純地背誦或默記法學名家的某段字句與意見。

第 **3** 章 ▶▶▶
法律概念的掌握

　　筆者在大學時代有一位A同學，在校成績一向十分優秀，但這位A同學平常看起來卻很悠閒，成天晃來晃去的，遊山玩水逍遙自在，好像書本跟他無緣似的。然而，到了考試一類的重要場合，A同學的表現卻總是比我們其他人要更快地抓住重點，分數也要來得更高些（我們人生中好像常常會遇到這種令人生氣的人）。我有一次很好奇地問他，你到底是怎麼辦到的？

　　「就重要的句子和名詞背一背，然後臨場發揮就是了啊！」他一派輕鬆的回答。

　　這聽起來像是沒什麼了不起的訣竅，但A同學並沒有說謊：至少這說明了一點，就是關鍵字詞與法律名詞定義的運用與掌握，往往是我們容易忽略，但卻是學習法律時極為重要的細節。對於法學新手而言，法學的困難之處，在於必須克服艱澀的法學表達方式，這裡包括了各種法學文章上的習慣語法、翻譯名詞、專有名詞概念、習慣性的迂迴表達以及詮釋的方法等。有人開玩笑地說，念法律就好像在玩解碼遊戲一般，而所謂的法律人，指的就是懂得如何解碼和編碼的那一群人。

法律語言

　　不過，法律文字，或者我們說，所謂的「法律語言」，真的存在嗎？當然，這世界上並不存在叫做「法律」的語言，但是法律文字確實是以另一種邏輯結構、文法概念與表述情境存在著。必須要理解的是，所謂的法律語言與一般生活中我們所通用的語言不同，這在全世界都是共同的現象：法學中文不同於中文，猶如法學英文不同於英文。日常生活中我們所

使用的語助詞、形容詞甚至於名詞，在法學文章中也都有它自己獨特的用法。

　　這也是為什麼法學新手常常感到氣餒的地方：翻開法律書籍，全都是中文，但我居然看不懂！這種情形其實是很正常的，特別是如果我們能夠理解到，法學中文與一般中文的差異性，那麼便不難發現這種挫折感其實是沒有必要產生的。

　　法學文字之所以複雜難懂，當然有很多的原因，首先是翻譯的問題。我國的法律制度，很不幸地，大部分都是「繼受」[2]自外國的法律體系。也因此，在法律概念的詮釋上，就無法避免引用相當多外國的法律文獻。

　　這些外國法律文獻中，有許多專有名詞及術語，是相沿承襲的。無論是日耳曼法系、羅馬法系（概括稱為大陸法系）或者是英美法系（概括稱為海洋法系），都各有其獨特的法律用語及表述習慣。而台灣的法學主要受到德、日二國影響，因此，在名詞的取捨上，也直接引用這兩國的文獻，有時候在翻譯不統一的情況下，往往產生許多字義上的爭執。

　　然而，這並不是意味著法律新手們必須通曉德文或日文，才能夠精確地掌握法律的概念。事實上，法律的精確性並非來自於語言，而是來自於其邏輯的運作與推理的方式。只是在閱讀之初，我們必須瞭解，很多時候閱讀法律文獻的困難，並非來自於閱讀者對於語言的掌握程度，而是在於翻譯上的問題。

掌握概念

　　也因此，如果要確實掌握一個法律概念，光靠一本書是不夠的。閱讀者和作者之間的鴻溝，例如對同一個字詞的使用方式，意見上的差異性，均足以造成理解上的窒礙與困難。這時候，透過第二本書、第三本書對於同一個概念的介紹，就顯得非常必要了。

2　繼受，就是承繼接受的意思，這是比較專業、婉轉的一種說法，而講得白話一點，就是「抄」。

　　其次，法律文獻中對於概念的堆積，也是法律新手們常常面臨的難題。一篇出色的法律文章，我們可以輕易地從大綱中一眼看出作者所想要表達的觀念。不過這類型的法律文章畢竟不容易見到，而且閱讀者常常所面臨的，是作者不斷堆積相類似的法律概念，搞得讀者昏頭轉向。

　　對於這種情況，應該怎麼處理呢？我們的建議是，讀者應當就原始的法律文獻，進行第二次的「加工」，如此才能夠有效地掌握法律概念。換言之，在閱讀法律文獻時，讀者必須養成習慣，在一旁羅列出與這篇法律文獻相關的各項問題，並嘗試提出回答。具體的步驟，例如：

1. 這篇文章中所提到的「關鍵名詞」是哪些？
2. 這篇文章主要在討論什麼「問題」（或「概念」）？
3. 相關論述中所提到的法律概念，包含「定義」、「目的」、「要件」、「性質」、「類型」等，到底有哪些？是否我都已經確實掌握這些重點了？

　　最後一個問題尤其重要。對於法學文章來說，在概念的論述上不外乎有幾個重點：法律名詞的定義、法律概念的要件（條件）、為何提出該法律概念（目的）、法律概念的性質、該法律概念或與之相關的概念究竟有幾種類型等。就考試來說，如果要測試考生對於一個法律概念掌握的程度，基本上也是朝著這幾個方向去進行的。

　　法律的問答，基本上就是對概念組成的一種研究。「問」就是去重構概念，「答」就是去拆解概念。所以問和答是相輔相成的，同樣是對於概念的重構與重組，只是方向有所不同而已。也因此，我們會發現法律的考試不外乎是出題者丟出一個已經經過「重構」的概念出來（例如一個案例，或是一組法律名詞的解釋），而要答題者就這項概念在有限的時間內做正確的「拆解」。

　　答題者要怎麼樣在有限時間內把概念「拆解」又「重構」呢？靠的就是平常對於每一個概念的確實掌握。就跟軍隊裡面練習夜間拆槍一樣，

把槍枝每個部分摸得越清楚，槍就拆得越快，也裝得越快，這是一樣的道理。

　　因此，我們可以這麼說：對於法律名詞定義的掌握，可說是掌握法學概念最重要的一個基本工作。請各位記住，無論一個法律新手就一個法律概念如何努力地看了多少的法學文獻，到最後，他都必須嘗試對這個概念去下一個定義。在描述定義的過程中，你能掌握多少的「關鍵字」，會決定你對法律名詞定義的掌握程度。「關鍵字」是定義的一項基本元素，扮演著關鍵的提示角色。這裡，我們可以舉個例子。

　　問：國際私法的定義？
　　關鍵字：*法律、涉外案件、選擇法律、連繫因素、法官選法*

　　答：國際私法者，即**法官**就**涉外民事**案件，透過**連繫因素**之選擇，**決定該涉外民事案件應適用**何國之**法律**之規則也。

　　對於法律名詞定義以及關鍵字詞的掌握，這是無法偷懶的基本功夫，而這項定義的取捨，也決定了你在法學概念上的進一步演繹與推論的基礎。無論如何，如果要想掌握法律問題的根源，對於定義的問題就不能小覷。在法學理論的爭議上，有相當的比例是出自於法律定義的不同。不同的定義會導致不同的推論，因此辨明定義（儘管有時候很難對某項概念下一個完整的定義），在法學研究上往往就是最關鍵的一個步驟。

第 4 章 ▶▶▶
一本書主義？結構主義？

要選擇哪種學習方式？

很多法律新手都有共同的疑問：我到底要讀幾本書才夠？可不可以用「一本書主義」？

事實上，也有很多的法律過來人都做過這樣的建議：應該就每個科目，先選定一本書作為教材，徹底讀完以後，再和其他的教科書做比較，這就是所謂的「一本書主義」。持這種論調的人，他們的理由不外乎是這樣做既有效率，並且在理解與準備考試上要快速又省事的多。

的確，如果純粹就考試導向來說，一本書主義確實是很簡便的方式。一來這種方法不會讓考生想太多，花費太多力氣在無謂的枝節上斟酌，能夠比較容易集中精力準備；二來考生只要讀通（或背熟）這一本書就可以了，短時間來說，對於法學理論體系的迅速建立，與不知所謂的「狂食雜書」方式相比，一本書主義確實是要有效率得多。

然而，在法律的學習上，長遠來看，我們並不推薦所謂的「一本書主義」。相反地，我們要問，如果一本書主義的目的在於建立起自己的法學體系，那麼為什麼我們要拘泥在該念一本書或是兩本書這種無謂的數量爭執上，而不直接地去理解：如何有效地認識，並建立起自己的一套「法學體系」呢？

也就是說，我們認為，法律學習的方式上，所謂的「結構主義」，要比一本書主義來得合適的多。

當然了，那有人就會問，什麼是「結構」？什麼又叫「結構主義」呢？嗯，這是個好問題。在這裡，我們暫且先省去哲學意義上的探討（因

為那顯然不是我們目前所關切的重點），只談如何建立自己的法學體系這套「結構」，也就是說：為什麼結構是必要的？為什麼一本書主義的概念是不需要堅持的？

這牽涉到我們如何認識法律這門學問。如果，我們以為某某作者所寫的書就代表了法律，那麼自然我們應當擁護一本書主義，但事實上不可能。法律書籍作者的意見，僅是代表他個人的意見，並不能代表法律就是照這位作者的意見在運行的。也就是說，重點還是在於，法律規範是如何運作的？這是我們在進入法學研究之前，必須時時惦記的一項重要問題。

一本書主義的危險在於，讀者所承受的學術「盲點」，和作者是一樣的。法律教科書不可能窮盡地列出每一項問題，也因此，對於法律概念的掌握，如果只靠一本書的觀念去理解，則容易顧此失彼。前面我們已經提到，有關法律名詞的概念問題，有許多是根源於翻譯上的問題，因此，光看一本書，並不足以釐清許多法學概念，反而是足以造成武斷與偏執。不但如此，在解釋法律名詞概念上，各個法學家都有其個人的觀點，所著重的部分亦不相同，只靠一本書，是無法窺得法學全貌的。

比如公法和私法的差別，每個法學家、每本教科書所偏好的見解與推論的立場，都未盡相同。就連為何要區分公法或私法，也都有不同的意見。那麼，在這個問題上僅秉承一家之言，顯然是不夠的，重點在於我們應該自問：

1. 為什麼要區分公法與私法？（實益）
2. 就區分公法與私法的理論，有哪些類型？（類型）
3. 這些區分的理論，會造成什麼影響？（影響）
4. 公法和私法的定義，比較妥當的見解是什麼？（結論）

兩者的區別：養成提問的能力

結構主義與一本書主義的最大區別，在於依賴一本書主義的法律新

手，很容易因此失去提問的能力。事實上，在法律學的領域來說，有時候提對問題，往往比提對解答來得重要的多。真正成為「問題」的法律問題，才是值得討論的，值得研究的。提出問題的深淺程度，同時也可以看出對於法學研究的深淺程度。

　　如果法律新手們因為依賴一本書主義，而喪失了提問的能力，則對於其日後的學習，非但沒有好處，反而更容易造成偏執。我們在這裡所提倡的結構主義，就是基於提問而衍生的學習方法。在學習法律的過程中，必須自我練習不斷地提問，將問題記下，作為日後學習的參考。這些問題中，有些到最後會發現根本不是問題，有些則會發現早已有解決的方案。以不斷地提問代替一本書主義，建立起自己的法學體系，並時時地檢驗是否有遺漏或是偏差之處，這才是最穩當的方式。

　　有時候，法律問題只是換個形式陳述，本質並沒有什麼變化，這時候，只憑靠一本書主義，便很容易造成恐慌。事實上，很多相關的問題所牽涉的理論基礎都是一樣的，差別只是在於表達的方式不同而已。但我們為什麼看不出來？因為依靠一本書的法律人們已經習慣了該書作者的表達方式以及語法，所以對於另一種表達方式及語法產生疑惑，因此浪費了許多無謂的猜疑而已。

　　為什麼有人會告訴法律新手們：「做考古題很有用」？關鍵就在這裡：因為考古題就是一種提問的方式，透過題目的設定，用各種不同的敘述方式測驗考生對於法學概念的掌握程度。從一個接著一個的問題中，我們練習不斷地拆解與重構問題，有效率地整理資料與解答問題，學習以不同的角度觀察問題、發現問題與解決問題，從而迅速地建立起一套自己的法學理論結構。我們可以這麼說：對於考古題的訓練並不是只針對考試，這同樣也是法學教育的一種有效方式。

　　所以，我們建議，理想的學習方式，順序上應該是如此運作的：

1. 先列出對於相關法律概念的所有問題。這些問題包括了假設性的，或是在還沒有研讀相關進一步的資料下，所預設的問題。

2. 閱讀相關資料，並一面開始篩選重要的法律問題，與補充「未發現」的法律問題。

3. 就預設、篩選及補充的問題，嘗試提出解答。

4. 就解答以及問題的推理部分，做充分的理解。

5. 重新整理已知的資料，再嘗試進一步提出新的問題。

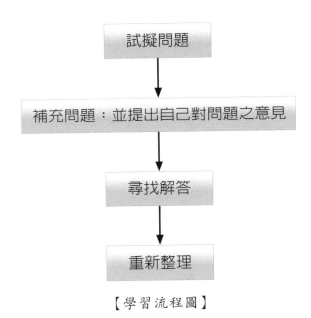

【學習流程圖】

第 5 章

演練的重要性

輸入與輸出

　　人類的腦部構造十分複雜，掌管各項讀寫聽說的腦部區域，也不相同。我們常常可以在學習外語的學生上，發現一個有趣的現象：有的人是說要強過寫，有的人則是寫要強過說。這可以印證，如果要真正把所知的資料彙整成有系統、有組織的資訊，必須透過不同的訓練方式，以開發不同的腦部區域，才能達到目的。

　　那麼，從理解法律概念開始，我們就必須注意到，所謂的「輸入」（input）與「輸出」（output）的問題。這就好像電腦一般，光是理解資料的內容，是不夠的。法學訓練的目的即是在於如何將龐雜的資料彙整成為有系統的概念，如何清晰地表達這些概念讓他人能夠確實理解。

　　如果仔細地觀察，可以發現，運用不同的方式去記憶概念與文字的內容，是非常重要的一項關鍵。在這裡，我們必須要強調手寫的功夫。

手寫的重要性：訓練邏輯與有條理的表達方式

　　一般法律新手們非常容易忽略手寫的重要性。簡單地說，如果你今天看了一本五百頁的法律書，然而，你的紙上卻沒有留下任何的筆記與字跡，那麼我們可以肯定，除非你擁有天生超人般的記憶，否則閱讀這五百頁書的努力，最後也將會像你手邊的白紙一般，毫無任何痕跡可循。

　　在閱讀的過程中，我們很容易忽略到歸納與演繹的重要性，而側重在於理解。當然，理解資料的內容還只是研究的第一步，對於資料的處理，光有理解還是不夠的，我們必須將自己理解的部分，用自己的方式清楚地

表達出來。如此，才能算是完整地掌握法學知識。

　　所以，我們必須強調手寫的功夫。這一方面，是因為文字的陳述，有其邏輯性，與口語的陳述不同。大腦掌管閱讀與書寫的區域也不相同，雖然口語上我們可以用簡單的詞彙去解釋一項概念，然而，文字的敘述上則必須力求精簡、明確、邏輯性與中立性，這種標準不靠書寫的訓練，是很難達成的。

精簡、明確、邏輯性與中立性

　　對於法律新鮮人而言，法律文字的掌握，是一件長久的工程。一般我們在書寫上，會加入個人的情感以及對事物主觀的論述。然而，這在法律文字的敘述上，都是必須避免的。

　　也就是說，法律文字的陳述必須站在「第三者」的角度去敘述事情，講述觀念。

　　法律文字與白話文又不相同，在有限的時間內，我們必須想辦法精確地去傳達概念（特別是在考試時）。精簡、明確、邏輯性與中立性都不是藉由口語練習可以輕易達成的，這部分必須要依靠手寫與文字的訓練，才能夠有效掌握。

　　那麼，在手寫的演練上，應該注意哪些部分呢？

　　首先，在精簡的要求上，手寫的演練必須透過對於法律概念的一再反芻，才能夠用最精鍊的文字敘述最多的概念。這就要靠平常在閱讀法律資料時，留心關鍵的詞句與概念才能掌握。在文字的敘述上，小心地引用專業的法律術語，省卻不必要的語助詞彙，慢慢地，就可以練就精簡的本事。其次，在明確的要求上，手寫的演練必須要做到，對每一項法律概念都能夠清晰地提列出其定義與性質，這不但是在平常閱讀時就必須要注意到的，進一步地，我們必須透過手寫的訓練，才能將概念的定義與性質有條不紊地表達出來。

　　如果在下定義的過程中，發現到困難的存在，就必須要想辦法檢查出

困難在哪裡，然後對照原來書上或法律資料上所下的定義，看看是不是有漏洞，明確性是不是有所欠缺，再逐一地修正。

　　關於邏輯性的部分，也是必須重複地以手寫練習才能達成。文字敘述的邏輯，有其一定的方式，而手寫的訓練有助於這種邏輯性的建立。在動筆的同時也是在訓練我們自己對於書寫文字的理解與使用。在論理上，如果文字敘述的邏輯性有欠缺，法學概念便將無法完整地被陳述。因此，如果我們在書寫中可以掌握住各項專有名詞與法律術語的使用方式，我們在文字邏輯性的鋪陳上就會具備一定的基礎。

　　最後，也是最重要的，就是法律文字敘述的中立性。日常生活中，我們在口語上可以非常輕易地表達對某項推論的好惡，對某項觀念的認同。然而，在文字的敘述上，這些好惡和認同都必須要避免。也就是說，如果法律文字無法做到中立性的評價，就是不符合標準的。

　　例如平常在口語對談時，我們可以說：「你講的我一點都不覺得對！」或說：「你到底在胡說八道什麼東西？」然而，在法律文字的敘述上，這些情緒性的用語都必須避免。在表達自己的意見上，我們必須用一種婉轉的方式去顯現論述上的中立性，例如：「似非……」或是「論者以為……，……然……」等。

　　這類的用語都不是在一般口語對談上會被使用的，而這種中性、客觀的敘述訓練，也必須要仰賴手寫的方式，才能夠達成。

　　總之，法律的研習不是只有靠眼和嘴而已，更重要的是手。手寫了多少，法律便要多理解多少，光是「輸入」而忽略了「輸出」，就好像是空有一身內力的武林高手，卻只有挨打的份，豈不令人氣結？

第 6 章 ▶▶▶
中心思想的建立：你該成為什麼樣的法律人？

現在，讓我們回到最初的問題，也就是有關中心思想的建立等疑問。學習法律，一如學習其他的技能般，必須確立一定的中心思想。這聽起來或許有點八股，但讓我們從這個起步開始，先要提出的問題是，所謂的中心思想，到底是什麼？

這牽涉到法律新手們對於所學專業的認知問題。開玩笑地說，如果你學習法律，目的只是為了錢，那麼或許錢（利益問題）就是你的中心思想。這裡我們不打算批評每個人的人生觀或價值觀，但是，必須討論的是，如果一個人想要把法律學好，他所應該具備的中心思想是哪些？

法律人的特質

或許這個問題，我們用另外一種角度去觀察，要來得容易解答些。也就是說，一個具有專業知識的法律人，在別人的眼中，他應該具備哪些共同的特質？

無論學習法律的動機為何，只要踏入了法律的領域，法律人就無可避免地被賦予一定的意義與色彩。這是現實的問題，一般人民對於法律人的要求在於：公義、嚴謹、客觀、冷靜等。無論側重的特質是哪一項，基本上，法律人所表現出來的專業素養，通常也應當顯現出如此的特性。

我們對於自我的檢驗，也是遵循著這種期待去進行的。換句話說，我們要問：透過法學的訓練，你能不能因此具備洞察事物，做出正確與合乎公義的判斷特質？

　　當然，這個目標並不容易達成，而且時時刻刻都受到質疑。中心思想這種東西說起來很抽象，但在表現上卻是很具體的。想像一下，如果一個法律人受了四年的法學教育，卻連一個基本的契約擬定或是契約審查都不知該如何下手，我們可以說這人是瞭解法律的嗎？

　　也就是說，法學教育是全面性的，法學教育不是在於培養出如何背誦法條的高手，而是在於如何讓一個平凡的人能夠運用法律去保障自己的權利，並且更進一步地，保障他人的權利。

法律人的氣質

　　從這個基礎開始，我們可以想像，如果一個人經常運用切割法律，以望文生義的方式去論述與主張他的法律意見，那麼他的法學素養就是值得懷疑的。法律其實是一個整體，無論你是學習民法、刑法、民事訴訟法、刑事訴訟法，到最後都應該問自己這個問題：法律秩序被維護了嗎？正義被實現了嗎？法律是否已經確盡了自己的職責，保障了當事人的權利？如果沒有，問題出在哪裡？又該怎麼做？

　　我們一再提出自我檢驗的這個目標，也就是為了法律學習上不要出現所謂的法匠與訟棍。造就這樣的法律人才，並不是社會賦予法學者的目的，也不該是法律人所應該追求的目標。雖然在法律的分類上，有越趨精細的現象，例如公法、私法、法學理論與法制史等。但這不代表從事公法研究的，在私法的研究上便是無用武之地。法學的分類，是讓我們更容易掌握住不同法律關係上的各種特性，而不是造成我們理解另一個法律領域的阻礙。無論如何，一個成功的法律人，所呈現出來的特質應該是相同的，也符合社會對他們的期待。縱使每個人所追求的價值不同，但最終的外在表現卻趨於同一。你願意成為一個成功的法律人嗎？那就別忘了你應該具備什麼樣的氣質。

PART 2

學校篇

在本篇中，我們將討論有關在學校時如何學習法律的問題。本篇的目的在於解決以下的問題：

一、如何在將近兩到三個小時的課程中，掌握授課者的內容？

二、如何將學校所要求的報告做到最好？

三、如何掌握所有的知識，進而對法律做更深入的研究？

四、如何用最有效率的方法製作上課筆記？

五、要不要組讀書會？應該怎麼組？讀書會的功能有哪些？

六、什麼是實務？什麼是理論？如何兼顧二者？

七、你手邊的書籍，對於你學習法律上的方法來說，有什麼功用？

八、如何建立一套穩固又有效的架構，以便於面臨不同的法律問題時，做有效率的分析與處理？

九、如何參與法律學術的討論？如何掌握討論時的重點？

十、一本厚厚幾百頁的法律書，全部都要記下嗎？有什麼更有效率的方法呢？

第 1 章 ▶▶▶ 如何聽課

對許多人來說，要從一門接近兩三個小時的課程中汲取到有意義的知識，並不是一件容易的事。往往的情形是，整堂課下來，只記住了老師的笑話以及一些無關緊要的細節。這使得聽課所能達成的學習效率，大大地減低。

聽課事實上也是需要講求技巧的，「如何聽課」這個問題往往容易被學習者忽略，以至於浪費了許多寶貴的時間，也走了許多的冤枉路，真是太不划算了！

要將一堂法律課程聽好，基本上有幾個要點：

1. 預習的重要性。
2. 迅速抓住重點。
3. 理解關鍵用語。
4. 複習的重要性。

預習的重要性

許多人嘗試著用錄音器材作為聽課的輔助工具。當然，我們並不是說這些工具不好，而是必須指出，這類型的工具只是在於「記憶」課程，對於「理解」與「消化」課程並沒有太多的幫助。

簡單地說，如果你想要從一堂三小時的法律課程，學習到真正有用的知識，而這個知識又不會隨著時間的消逝而讓你毫無印象的話，那麼一般的錄音器材，是無法幫助你達到這樣的目標的。

重點在於，錄音器材所著重的都是一種資料的「再現」，而不是資料

的「重整」。如果，每一次你想要瞭解聽課的內容，都要靠著錄音器材來達成的話，那等於是你又「留級」一年，重新再去聽一堂你根本沒有聽懂的課。如果課沒有聽懂，那麼記憶又怎麼會深刻呢？

　　也因此，在聽課的技巧上，我們並不執著於選擇哪一種「器材」作為聽課的輔助工具，而是選擇哪一種「方法」作為聽課的主要依據。

　　先這麼想好了，為什麼你要聽課？參考書都是中文寫的，其實很多資料，都可以透過自己的閱讀來達成學習的目的，如果是這樣，自己看書不就可以了嗎？

　　那麼，聽課的目的又在哪裡？如果我們不需要他人來指導，那麼學習有什麼意義呢？

　　事實上，聽課和自己的閱讀與學習是不同的兩種學習方式。前者的重點在於，授課者先將課程與教材安排好，然後在課堂上面對學生，在簡短的時間內，做有系統的組織與介紹；而後者，則是靠自行摸索，進而從旁建立起自己的學習架構與理論，所費的時間與精力不一。

　　當然，也是有人靠著自學就能學好法律的。但是所謂的自學，必須要花費許多的精神，以及必須擁有過人的毅力。一般來說，自學對法律初學者而言，並不是一項有效率的選擇，特別是自學很容易陷入鑽牛角尖的混亂之中，在學習的順序尚未建立之前，自學者必須花費許多的時間在確認不同法律概念、法學理論的彼此關係上；而這些事情往往是可以藉由聽課的方式，有效率地組織起來的。

　　換句話說，對法律的學習者而言，所謂新手與老手的區別，在於老手的經驗會告訴他，某一項觀念並不是那麼需要去斟酌，或是某一項問題並不是那麼需要去注意。老手們可以輕易地斬除掉一些思考上困難的荊棘，而直通問題的大路。新手則必須在重重的迷障中摸索，直到最後才發現，原來有些問題根本不是像原先所想像的那般重要，或是根本提錯了問題。

　　而講課的目的便是在此。授課者就好像導遊一般，良好的授課者可以輕易地組織與介紹理論的內容梗概，給予聽講者一把解決問題的鑰匙。透過授課者的組織方式，讓聽講者在面對問題的時候，可以用同一套方法去

解決相類似的問題，這也就是法律科學的精神所在。

必須要積極學習

因此，「聽課」這種學習方式，並不是被動地汲取知識，相反地，我們必須強調的是，「積極的聽課」才是我們所應該努力的方向。

這麼說或許有些乏味，但如果我們用導遊的比喻來看，就不難理解為什麼「積極的聽課」是如此重要的觀念。這就好像跟隨旅行團出遊的團員們一般：如果你想要到巴黎，那麼你在出發前，難道會對巴黎一點感覺或認識都沒有嗎？

聽講者必須認知到，在「聽課」的過程中，彷彿是經歷一場知性的旅程一般，你必須要事先對所講授的主題與範圍有概括的理解，要不然，當導遊（也就是演講者）興致勃勃地告訴你，這兒有風景好看，那兒有風景好看的時候，你卻毫無興致地呼呼大睡，那麼你千辛萬苦地來到景點（課堂上），又有什麼意義呢？

所以，認識到預習的重要性，是決定你是否能有效率地聽課的第一步關鍵。在聽課前，我們必須先確定好幾個工作，看看是不是都已經完成了：

1. 這堂課的主題與將要講授的範圍大略是哪些？（授課主題）
2. 這些主題與內容，包括了哪些法律問題？（問題意識）
3. 試著用舉一兩個實例的方式，說明這堂課所要講授的主題。（援引例證）
4. 試著假設，如果你是講授者，會以什麼順序來介紹主題。（反向回饋）
5. 將順序以及相關的法律問題羅列出來，記在紙上。（設定目標）

預習的工作做完之後，接下來就是準備開始聽課了。好，你將會發

現，講授者因為個人氣質的不同，而呈現不同的教學方式。有的老師說話快，講話急，只是大略地針對主題說明；有的老師說話慢，講話輕，傾向鉅細靡遺地闡述主題與內容。無論是何種方式，我們都必須要掌握住接下來的這個動作：迅速抓住講授者的重點。

迅速抓住重點

　　一般來說，講授者不會給自己找麻煩，去弄一個過於龐雜的主題出來。除非這是講授者的特有習慣，而他的時間也很多，才會用一種類似「地毯式」的講授方式來授課。所以，一堂課下來，無論進行多久，總會有幾個重點出來，不會太多（有時甚至只有一個重點）。聽課者要做的，就是想辦法羅列與掌握講授者的重點。

　　說要羅列與掌握講授者的重點，聽起來是很抽象的。但這牽涉了兩個問題，首先是預習的功夫。預習的功夫做得到不到家，會決定你聽課的效率。如果預習的越多，當然理解的也越快。其次要注意的是，預習不是漫無目的地看書。除了我們前述的幾個要點之外，預習的功夫必須要做到把這堂課所可能牽涉到的關鍵字找出來，針對這些特殊名詞或是用語的意義、使用方法等加以研究。如果聽講者能夠確實做到這一層，將會大大減少聽課上的負擔。

理解關鍵用語

　　理解關鍵用語，針對關鍵用語的意義做研究，這是聽課過程中最重要的一部分。這些關鍵用語，例如「阻卻違法」、「可罰的違法性」、「連繫因素」、「危險負擔」等。這就好像機器上的螺絲一般，一個螺絲要是鬆了，很可能整台機器都會出現問題。如果要保證機器運作順暢（猶如聽課順暢，有效率），那麼這些螺絲（猶如法律的關鍵用語）是不是都確實設置妥當（是不是都已經理解了關鍵用語的用法以及意義）？就變得非常重要了。

　　法律語言與日常生活的語言不同，對於許多人來說，艱澀的法律用語猶如古文典籍一般的難以接近。當然，如我們前面所述，這世界上並不存在著一個叫「法律」的語言，但我們仍不妨把「法律語言」當作外文看待。就好像英文一樣，英文想要好，光靠文法是不行的，必須還要充足的字彙量來支應。這些關鍵的用語，就像字彙一般，如果你掌握住了，那麼對於吸收與理解法律概念，也將更有幫助。

複習的重要性

　　在聽講的過程中，記下關鍵字句，利用靈活的筆記方式，是很重要的一環。有關筆記的部分，我們把他分為「上課筆記」以及「複習筆記」兩類。在稍後的章節中還會提到如何製作筆記。而這裡我們要強調的是，「複習筆記」的製作，是讓下一堂的聽講更加通行無阻而設計的。如果複習筆記做得好，做得徹底，那麼預習的工作進展就會更加順利，甚至於我們還可以進一步地，從中觀察出講授者的思路及邏輯。

　　永遠記得，聽課的目的不在於記憶聽講者所講述的所有內容，而是在於如何藉由聽課分辨出不必要的問題，與排除枝節的問題所可能產生的思考障礙。這種方法我們稱其為「消去法」，也就是說，我們藉由聽課，把不要的部分先去除掉，把要進一步研究的部分與範圍劃定下來，然後從中掌握講授者的思路。聽課絕對不是被動的，相反地，主動地篩選我們所要的資訊，才是聽課的目的。

第 2 章 ▶▶▶
如何寫報告

報告的重要

要做出一份報告不難,但要寫出一份像樣的報告卻不容易。寫出專業報告,是法律學習者在高等教育研究過程中邁出的第一步。但究竟該怎麼把報告寫好?如何組織出一篇有內容、有邏輯性的報告?箇中的方法,卻往往被忽視。

做出一份好的報告,不但可以讓報告者藉由報告的題目釐清更多的觀念,並且可以藉由報告,訓練自己的思維方式,進而摸索出一套解決問題的模式。天底下的事情都是一樣的:如果認真踏實地做好該做的事,那麼離目標就不會太遠。最怕的是敷衍了事,那麼就算是交一百個報告,對於學問的增長也無濟於事。

報告的寫作方式有許多種,最常見的方式是將報告的主題做歷史性的陳述。怎麼說歷史性的陳述呢?大部分的報告都是依照時間,或是推論的先後次序,對報告的主題依序地說明。然而,這種報告的方式有好有壞,而且多半只是拼貼資料彙整而已,談不上什麼具體的架構與內容。

那麼,何謂一份好的報告?事實上,從選定主題開始,就已經是十分重要的步驟了!我們把製作報告的流程,分成以下幾個步驟:

劃定報告的主題範圍

首先,如何審題,進而選擇劃定報告的主題範圍,是製作報告的第一步。

題目的範圍,決定報告的長短程度,也決定了報告的深淺。一般來

說，一個報告只討論一個主題，這個主題必須要具備一定的明確性。主題如果太大或太空泛，將會無法妥善地組織論述的內容。

一篇三十分鐘的口頭報告，文稿字數大約在四、五千字上下。而要在四、五千字中交代一個清楚的主題，包括對這個題目的理論爭議點、邏輯推論、立法理由以及實務見解等詳細說明，都是不容易的事。最好的解決方式是劃定適合的報告主題範圍，以便於針對主題做完整的評述。

例如，我們不可能在三十分鐘內報告一篇如「論專利商標法」的題目。專利法是一類，商標法又是一類，其中還有許多具體的大小問題，也還有許多爭議，如果只是泛稱「論專利商標法」，這基本上是一本教科書的題目，並不能被用來當成報告的題目。

所以，如果我們要撰寫一篇恰到好處的報告，而目標是針對商標法的，則應該從中選擇劃定具體的研究範圍。例如「論商標法圖樣立體化之侵害」，或是「論商標之特別顯著性」等。

另外一種方式，則是使用副標題來限定報告主題的研究範圍。也就是主標題選擇一個比較概括性的題目，而以副標題將主標題的內容加以限定。例如「新科技對傳統債法的衝擊」，這是主標題，我們可以從中看出所謂的新科技和債法都是範圍非常大，非常抽象的概念。原則上使用這種大範圍的標題去做報告，都是不適宜的。因此，我們可以在下一個副標題做補救，例如副標加上：「以最高法院某某年某字號判決為例」，或是「由某某案談起」等方式。

所以，整個研究報告主題就變成：「論新科技對傳統債法的衝擊：以最高法院○○年台上字第○○號判決為例」，或是「論新科技對傳統債法的衝擊：由某某案談起」。

副標題的作用在於限定主標題範圍，其重點在於具體與明確地指出研究的方向及範圍。這是目前國內很多學者所喜歡使用的命題方式，也很值得作為我們報告寫作上的參考。

劃定論述範圍，有幾個基本的因素必須要考慮的：

1.**時間問題**：這篇報告所針對的是哪一個時期？哪一個年代的法律問

題或概念的討論？

2.**空間問題**：相同的法律問題，例如我們談到「論歐洲統一民法的進程」，那麼我們就必須要做到確定什麼是「歐洲」，「統一民法」又是牽涉哪些國家間的重要問題。

3.**主題的實質內容問題**：這個主題我們所想要討論的，是側重理論上的，或實務上，抑或理論與實務間影響之問題？如果我們是準備討論比較法上的問題，則必須要清楚指明是哪一項法律概念或法案是本文（報告）討論的重心。

決定論述大綱

其次，是決定論述大綱。這是報告製作中最需要費心的部分，卻往往被輕易地忽略了。

所謂的大綱，指的並不是譁眾取寵的標題：請記住，我們是在寫專業的報告，而不是在當新聞記者。大綱必須表現文章的邏輯性以及連貫性，何以文章是這樣組織的，何以這個主題應該這樣切入與分析，這是大綱所表現出來的主要意義。

論述大綱的架構，應該視報告主題範圍的大小而定。理想的大綱在構造上不需要太複雜，但必須兼顧到標題與標題之間的邏輯性與組織性。一般而言，我們可以將一個主題，切割為兩大部分去討論。就法律的討論方法而言，最常見的就是「實質的與形式的」、「縱（歷史的）的剖析與橫（社會的）的剖析」、「理論與實務」這類的對比。

例如：主題為「論『即刻適用法』與『仲裁之承認與執行』的調和可行性」，這個題目隱含著「衝突」和「調和」兩個部分，所以行文的做法便將之區分為兩大部分，分別就理論和實證闡述：

前言

一、即刻適用法與仲裁之承認與執行的衝突

　　（一）理論意義與衝突

　　（二）實證上衝突例子

二、即刻適用法與仲裁之承認與執行調和可能性

　　（一）理論調和可能性

　　（二）實證上調和例子

結論

使用對比的標題有個好處，他可以保證討論的範圍不至於過分離題，也可以方便閱讀者迅速抓住要點。但這個做法也有些困難度，首先，未必每個主題都可以用對比的方式撰寫，除非我們修改題目到「合適」對比的程度，否則要交代清楚某些概念，用對比的方式並不容易。其次，這種方式比較花時間，因為在組織大綱上，撰寫者必須要非常清楚相關撰寫主題的問題與重點的所在，否則往往難以動筆。

所以在入門之初，很多人往往選擇「切香腸」式的寫法。亦即將不同種類與特性的問題，切成數塊論述後，再依序做逐一的介紹。這種寫法比較適合大範圍的題目，對撰寫人而言，也要省事的多，但在架構上自然較為遜色。

事實上，決定大綱架構往往是製作報告上最耗時的一個步驟，只要大綱做得好，剩下的便只是填入資料與論述彙整的問題了。

注意行文段落的邏輯性

行文段落的邏輯性聽起來很抽象，然而實際上卻是很重要的。原則是：一個句子交代一個推論，一個段落交代一個概念。在每一項的標題前部，敘述上我們必須要清楚說明，何以標題、段落的論述要做如此的區分，然後再做架構的開展。

如此，以每個標題前部，作爲邏輯連貫性的說明與延伸，每個段落首尾相接，每個大項環環相扣，這種邏輯性的表現，便顯現在撰寫者對於架構組成的說明上〔法國學者對此有個暱稱，叫「小帽子」（Petit chapeau）〕。以前面的例子爲例，如：

前言

一、即刻適用法與仲裁之承認與執行的衝突

（說明：點出即刻適用法與仲裁的承認與執行，存在哪些衝突？這些衝突表現在哪些部分，然後說明本文區分說明這些衝突爲兩種類型：理論的與實證的）

（一）理論意義與衝突

（二）實證上衝突例子

（在最後一段論述中，做下一部分的銜接）

二、即刻適用法與仲裁之承認與執行調和可能性

（說明：點出即刻適用法與仲裁的承認與執行，必須予以調和，然後說明本文區分說明這些調和的方式：理論的與實證的）

（一）理論調和可能性

（二）實證上調和例子

（做出小結，並引出結論）

結論

注意參考資料的引證

有關參考資料的引證，是一篇報告中最容易被注意的部分。爲什麼？因爲一篇用心的報告，在參考資料的引證上，也一定會是下了十足的功夫去準備的。參考資料引證的多樣性、仔細的程度，通常決定了一篇報告的價值。事實上，不論是學術論文，即便是報告，對於參考資料的援引，引註的格式等都有一定的要求。一般來說，至少要具備以下幾個要素：

作者姓名、

文章主題或書名、

版本（第二版或是首版）或出版商、

出版年月、

刊名、

頁數（該篇文章位於期刊的哪一頁，或該段論述位於教科書的哪一頁）

因此，整個引註的寫法就變成（舉例）：

王則劍，論特殊侵權行為中法定代理人之損害賠償責任，日夕法學第十二卷第十二期，2008年8月，頁360。（當引註為期刊論文時）

或是

王則劍，民法，主義書局，民國九十九年第九版，頁101。（當引註為專書時）

對於之前已經有引註的文章，例如我們在註7中已經引用王則劍的「論特殊侵權行為中法定代理人之損害賠償責任」一文，在註14時又想要引用同一篇文章，則註14的寫法就變成：

王則劍，前揭文，頁368參照。（假設所引用的資料在第368頁）

或是

王則劍，同註7。（假設所引用的資料與註7的內容相同）

需要注意的是，如果引用作者王則劍的文章在兩篇以上，例如我們引

用「論特殊侵權行爲中法定代理人之損害賠償責任」與「論不完全給付」
兩篇文章，那麼在同一個狀況下，我們在引用同一篇「論特殊侵權行爲中
法定代理人之損害賠償責任」時，就不能夠用「前揭文」的方式，以免與
另外一篇的「論不完全給付」文章相混淆。而應該引用文章標題的全文，
只是在確切的資料出處上可以予以省略。因此，引註的格式就變成：

　　王則劍，論特殊侵權行爲中法定代理人之損害賠償責任，同註33，
頁368參照。

前言的寫法

　　一般學生對於文章的前言在報告中的功能，只有一些很模糊的概念，
要不然就是不知道前言到底應該寫些什麼東西。事實上，就文章的結構而
言，前言的部分最重要的是在於破題。

　　「凡事起頭難」，如何做適當的破題，自然也就成爲前言撰寫中最重
要的注意事項。

　　文章的破題，牽涉到寫作者對於文章內容的理解。這麼說不免有些抽
象，但如果我們能理解到，一篇文章，特別是法學文章，在前言中所要鋪
陳的觀念，少不了「縱的剖析」與「橫的剖析」[1]兩大部分，那麼有關前
言的撰寫，在思路上就會清晰許多。

　　前言是一篇報告或文章給予讀者的第一印象，所以如何在前言的部分
吸引住讀者的注意，相當程度上也決定了報告或文章的成敗。前言像是一
篇報告的地圖一般，指引著報告或文章主題的論證核心。如果，前言在劃
定報告的研究範圍上，沒有做好該有的工作，那麼，大多數的報告都會出
現一個嚴重的問題：主題不清。

　　所以，在前言的部分，如何精確地劃定研究範圍，才能夠避免離題或

---

[1] 所謂縱的剖析，通常指的是時間性的、歷史性的分析方式。例如對於立法過程的討論，或是
對於社會觀念變遷的說明。橫的剖析則側重在於概念比較，以及相似制度的援引說明。例如
對於「不完全給付」和「給付不能」的比較、對於「無期徒刑」與「終身監禁」的比較等。

是主題不清的問題出現，我們在這裡，將前言的撰寫規則歸納為以下幾個原則：

1. 寫作的範圍是由大到小

這就像是衛星空照圖一樣，剛開始我們從最大的範圍討論起，比如說，如果要撰寫一篇有關民法債編的「不完全給付」的報告，則我們可以由最外延的原理原則談起，例如債務不履行的概念，或是相類似的觀念，例如物的瑕疵擔保問題。然後再慢慢地切進主題，縮小研究的範圍，把各項原理原則做清楚的分析、歸類，開始做討論主題的準備。

2. 前言所要交代的，是其他不會在文章內容中再次重複出現的資料

這也就是所謂的「歐肯之刀」（Occam's Razor）。[2] 可以使用「消去法」的方式，先把不需要的、假設性的資料在前言中做處理，其中只要大略提及這些資料的相關性，輕輕帶過就可以了。前言的功能之一便是在告訴讀者，我們對於資料的篩選是有取捨的，什麼資料我們不用，或是不深入討論；什麼資料又是我們已知的，並且需要進一步討論的。或者，雖然有些資料或許與我們題目相關，但又不是那麼的重要，也不是文章中所想要討論的重點，那麼，在前言的部分，這些取捨資料的理由便都應該說清楚、講明白才行。

也就是說，前言的功能在於確立報告或文章研究的範圍；相反地說，如果範圍之外的東西，是我們所不願意討論的，那麼在前言裡就應該說明清楚，為什麼我們不討論的理由。這樣子，會節省許多之後再解釋的麻煩，也會使得文章或報告的內容看起來更有層次感。

3. 前言所著重的部分，在於處理多餘的資料以及整理文章論述的順序

所謂多餘的資料，指的是雖然與本文有關，卻又無相當關係的資料。例如，我們的本文可能在於討論民事物權法上的「空間權」意義，而與此

2　這個原則是：在最小的需求範圍內，我們不宜做過多的假設。也有一種形容是：實體不應為不必要的重複（entities should not be multiplied unnecessarily）作為一種邏輯上的思考方法，我們也可以將之運用在於讀書與寫作上。

相關的問題，我們可以一一羅列，例如「歷史沿革」、「立法根據」、「物權法定原則」、「不動產的定義」、「何謂物權」等的問題。這些問題雖然和本文沒有直接的關係，但如果省略了討論的話，在敘述上的邏輯性與一貫性可能就不是很完整。

也因此，前言的功能便是在分析處理這些問題的資料。在處理上，我們可以將之分為「最重要資料」、「次要資料」以及「間接資料」等。論述的順序則是倒過來，先談「間接資料」，再談「次要資料」，最後才是「最重要資料」。

所謂「間接資料」，主要是用來烘托主題的各種資料。例如，歷史背景以及立法沿革。這類資料雖然跟法律的本體討論無甚關係，但卻是讓讀者理解法律形成過程的重要根據。「次要資料」指的則是與主題相關的概念與問題，例如，主題在討論「空間權」時，我們也會提到「物權法定主義」的觀念，以及「不動產的意義」等問題。把這些問題與概念交代清楚，對於之後本文的處理會輕鬆許多。「最重要資料」指的就是與本文相關的問題與資料，這裡我們必須有系統地把資料重新組織，也就是展現整篇報告或文章的內容架構。前言作為文章的一種引言，必須將文章的定義、範圍、研究的對象與內容加以確定，在確定之後，繼續於文章中予以申論。

4. 前言必須要清楚交代文章的問題意識以及結構的鋪陳

前言中另一項必須提到的，是問題意識。所謂的問題意識包括以下幾個脈絡：

(1) 為什麼選這個主題？

(2) 為什麼這個主題有研究的必要？

(3) 時間部分：這個主題我們要界定在哪一段時間中討論？

(4) 空間部分：這個主題在不同的國家中，有些什麼看法？

(5) 理論或實務：這個主題我們主要針對的是理論性的概念問題，還是實務判決的討論？相關的概念和判決案號是哪些？

結論與意見

　　在中文的報告或文章中，通常結論的部分是必備的。雖然在外文的文獻中，有時候我們很難找到明確的結論，然而，中文報告或文章的寫作習慣，則是結論一定要帶到文章所有的點、項。這些點、項是在前面文章中就已經提到的，而不是新的論點。

　　因此，就結論的寫法而言，主要是在於替讀者重新整理前面文章部分中所提到的重要之點。也就是說，在結論的部分，主要的功能是替這篇文章用最快的方式做出摘要。許多細微的部分在結論中可以不必再提，而以簡單的詞句段落帶過即可。結論的功能不僅是在於指出解決的方案，更重要的是點出文章思考的中心問題。

　　也就是說，結論考驗著報告者或文章撰寫者對於整篇文章資料及重點的掌握功力。在結論中，我們不再討論更細節的東西，而是簡單地重新勾勒出整篇報告或文章的形貌。

　　結論還有另外一個功能：它是為了下一個相關的問題而引出的一項「前言」。或許用個更文藝的方法來說，結論的目的，就是為另外一個問題「開了另一扇智慧的窗」。當然，在結論中我們不需要真的去討論另一個問題，但卻可以點出這項問題的意識。例如，我們寫到傳統侵權行為法的問題時，在結論中就可以點出，是否「侵權行為責任的傳統概念應當予以修正？」當然，結論並不需要真正去討論到所謂「侵權行為新概念」的問題，因為那會是另一個報告或文章的主題。在結論中，我們只要說明，為什麼這份報告或文章會讓我們聯想到「侵權行為新概念」的問題即可。

第 3 章

深入研究的方法

　　我記得在剛進大學時，第一次接觸到法律學科的書籍，那時候只有一個感覺：怎麼這些書都是用中文寫的，我卻看不懂呢？

　　在那時，我的學習方式還是很原始的，和一般高中生一樣，我把法律的教科書拿出來，從頭開始看，一頁一頁地對照法條，慢慢地「爬書」。但我很快發現到這種方法的問題：

　　「爬」了差不多二十頁以後，我開始感到倦怠，然後看書的效率越來越低，最終記得的，總是前面那幾頁至深至抽象的原理原則，然後看了後面忘了前面，看了前面又忘了後面，到最後自己也沒把握到底看進了些什麼東西，那種感覺真是令人氣餒不已。

　　後來，我才慢慢意識到，原先那套高中時代的學習方法已經不管用了，如果要能夠真正地掌握法律知識，得想辦法改變自己固有的閱讀習慣，另外學習更有效率的研究方式才行。

　　從高中畢業之後，便開始進入一個新的高等教育階段。在這之後一切歸零，重新開始。無論你在高中時代之前多麼風光，在進入大學階段之後，就得把這些輝煌的歷史全部忘掉，因為你將面臨的知識與學問方法，與以往大不相同。想要依靠過去那一套高中時代的學習方式研究法律的人，都將會失敗。大學教育主要是培養學生在進行深入研究時，能夠獨立思考相關的問題的能力，也因此，深入研究的方式有別於高中以偏重記憶的基礎學習方式，我們必須另外以更有效率，更具積極性的準備方法進行。

　　如何才稱得上是更有效率，更具積極性的準備方法呢？基本上，如果我們想要深入研究一個法律問題，至少必須注意到幾個步驟：

  1. 掌握尋找資料的訣竅。

  2. 掌握法律概念的同質性與異質性。

  3. 掌握分類資料的訣竅。

  4. 尋找適合討論問題的對象。

  5. 提出正確的問題。

  6. 經驗結合的重要性。

以下就針對這些步驟，逐一說明。

掌握尋找資料的訣竅

  所有具有效果的學習，都是建立在豐富的資料基礎之上。也就是說，如果我們光有學習方法，卻沒有資料可以分析推論，那麼即使學會學習的方法，也是無濟於事的。

  如何尋找研究資料，是深入研究法律問題的第一步。現在社會的科技發達，尋找資料，不需要像以前千辛萬苦地跑到圖書館去翻卡片借書了（雖然有時候這樣的情形還是存在著）。在數位化的技術之下，資料的搜尋與檢索省去了許多的時間。我們簡單地歸類，有關法律資料的找尋可以透過以下幾個方式：

1. 網際網路

  網際網路是最省事，也是最有效率的方式，只要在相關的搜尋網站上鍵入你所想要查詢的關鍵字，就可以輕易地找到所需要的資料。例如，著名的Google網站（www.google.com.tw），就是一個相當好的法律資料搜尋系統。

  當然，國內的相關網際網路法律網站也有許多，例如，法源法律網（主要為實務判解）、月旦法學知識庫（主要為期刊論文）、七法（Lawsnote），或是國家圖書館的論文期刊檢索系統。有些是需要付費的，有些則是免費使用，但一般而言，國內各大學對於這些相關的網路資

料，大部分均有簽約獲得網站使用的權利，各大學學生可以善加利用這些寶貴的網路資源，以充實法律資料的內容。

　　此外，外文法律書的訂購，也可以考慮透過網路書店的方式進行。目前國際性的網路書店，例如，亞馬遜書店（https://www.amazon.com/），都有提供相關的服務。

　　必須注意的是，研究法律問題，特別是網路上的資訊，相關資料的新鮮度是很重要的。蒐集法律文獻的功夫，如果在更新上做得不夠好，往往會阻礙研究。網際網路最大的缺點在於，資料更新的部分可能做得並不徹底，因此，我們必須要時時留意相關的法令以及書籍資料的出版資訊，細心對照之。僅僅依靠網際網路的搜尋，很容易掛一漏萬，錯失了更新的消息，這是必須要注意的。

2. 圖書館

　　就圖書館而言，國家圖書館當然是眾所矚目之處。然而，就法律一科而言，真正藏書最豐富，資料最齊全的法律圖書館，並不是國家圖書館，而是台灣大學法律暨社會科學院圖書分館。

　　此外，各大學法律學系的圖書館，也自有可觀之處。就法律而言，比較齊全的圖書館反而不是在大學的圖書總館之中，而是在各系所的圖書館。因為專業的需要與蒐集的範圍必須完整，這些圖書館要較大學圖書總館容易找到專業又新穎的資料。

3. 法律補習班

　　法律補習班所附設的圖書部門或書店，也是相關法律資料查詢的良好來源之一。這些補習班附設的書店特色在於，所有的資料均與國家考試有關，而且可以在其中找到一些比較經過整理的法律資訊。對於初步理解相關法律概念與法律組織上來說，這類法律補習班的書店提供極有效率的法學知識，供讀者大眾參考。

　　必須說明的是，在法學深入研究的開始，固然使用這些補習班的叢書，是一條便利的捷徑，然而，在領略法學概念與掌握法學基本常識後，

這類補習班的叢書可能只是供參考而已，未必具有相當的法學價值。如何靈活運用這些補習班的講義與教科書等資料，就看個人所需了。但可以確定的是，這類叢書不能作為唯一的法學論理依據，對於從事深入研究的法律人而言，重點還是在於如何比較概念與掌握論述分析的邏輯性，而這點，則未必是針對國家考試的補習班系列叢書所強調的方向。

4.出版社

國內出版法律叢書的專業出版社，主要有三民書局與五南圖書出版公司兩家。這兩家書局法律叢書之豐富，自然不在話下。台北市重慶南路素有「書街」之稱，在這裡也可以找到全國最齊全的法律書籍、期刊資料。如果時間允許，這些書局都是開放式的，可以在書局內直接就各家的學說與教科書做一番印象上的簡略比較。當然，最好的方式是將他們都買回去好好研讀。即使不然，也可以抄錄書目，再到各大圖書館借出相關書籍做進一步的研究。

5.數位化工具

隨著資訊保存數位化技術的進步，目前已經有不少的出版業，接續針對法律資訊市場，提供各種數位化的磁碟或光碟片資料出版。這類數位化的保存工具好處在於方便，並且不占空間。在引用相關文字的同時，也較傳統的資料工具來得方便。可以預見將來的法律資訊市場，會日益蓬勃。相關的數位化資料整理，也會日趨成熟。

將資料保存在數位化載具之中，有許多好處。主要是不需要考慮到煩人的氣候與空間置放的問題。事實上，我們在蒐集資料的同時，也可以大量使用數位化的工具。例如，使用數位相機或智慧型手機將需要的文章資訊照下來，然後存檔到電腦中，或上傳雲端備份。

一篇文章，大約在二十頁左右，用一般數位相機或智慧型手機就可以輕鬆地拍完。就資料的保存而言，是非常方便的。不過，這種數位化工具需要一些金錢投資，而且許多人也不習慣在電腦上閱讀文獻。因此需不需要將資料均以數位化的方式儲存處理，端看個人的使用習慣而定。

掌握法律概念的同質性與異質性

　　無論學習怎麼樣的法律，一旦進入深入研究的階段，就必須要養成隨時將不同與相類似的概念一起拿來比較。我們稱相類似的概念，也就是所謂的「同質性」問題；不同的概念，即所謂「異質性」的問題。

　　對於法律概念的辨異，以及如何將一個法律名詞下完整且嚴謹地定義，都是法律研習的最重要初步工作。掌握法律概念的同質性與異質性，最好的方式便是用舉例的方法說明法律的概念。

　　例如，我們談到民法上法律行為有所謂的「停止條件」的概念。那麼，除了相關的定義之外，我們還要設法舉出例子，說明在什麼情況之下，我們可以看到「附停止條件」的法律行為。

　　與「附停止條件」的法律行為相對的概念，是「附解除條件」的法律行為。那麼，如果我們要對這兩種附條件的法律行為予以研究，首先就應該注意兩者的同質性與異質性，然後舉出具體的例子，說明何謂「附停止條件」的法律行為，與「附解除條件」的法律行為。

　　常常練習這種辨異概念的技巧，可以增加法律知識的廣度與深度，在深入研究法律這門學科時，我們總是會碰到這類型的比較問題，不斷地淬鍊著我們的思考與精確法律的概念。法律如果不經過一番辨異，概念是不會鮮活的；概念如果沒有經過舉例，知識就是死的，死知識是沒有任何用處的。

掌握分類資料的訣竅

　　在將資料蒐集完畢之後，緊接著要做的便是分類資料。掌握分類資料的訣竅其實有個很簡單的原則：儘量讓資料看起來單純、好索引。不要妄圖在資料的分類上做到鉅細靡遺，因為那只會無謂地耗掉過多的時間：資料的整理是用來減少索引上的困難，而不是增加查詢上的複雜度，在索引的詳細度與單純度上，兩者均須注意以達到最好的平衡。

　　資料的整理必須單純，也就是說，我們可以透過簡單的分類方式，將

資料整合起來。例如，以學科的種類作爲分類的標準，將不同學科的資料分別彙整到不同的資料夾中：民法的資料彙集在一處，刑法的資料彙集在另一處等；或是以專題的方式，例如以「侵權行爲」、「不完全給付」等爲題，將相關的資料都彙集在一起，以供參考。

資料的分類，主要還是看個人的使用需求而定。如果針對的是考試，或許以學科分類的方式要來得有效率些。如果針對的是某項主題的研究，那麼可以考慮以研究主題作爲分類的方式，在檢索上區分「理論」與「實務」兩大類便可以了。如果所蒐集的是筆記資料，最好也能依照學門分類的方式來進行整理，而不是以筆記做成的時間作爲整理的標準。

透過資料的分類管理，我們可以輕易地掌握相關的知識。資料的分類管理做得越清楚，深入研究時所花費的不必要時間便能節省許多。另一方面，在整理資料的同時，也是對於研究的主題做一番初步的瞭解，這也應該視爲深入研究的開始。總之，資料的分類可能有許多不同的方式，但不要忘記，無論採行何種方式，都是在於避免繁瑣與增進檢索效率這兩個功能上去考慮的，過於繁瑣的分類，反而有礙於資料的吸收與理解，也浪費了精力與時間。

尋找適合討論問題的對象

「獨學而無友，則孤陋而寡聞。」學問的進步必須透過討論，特別是社會科學，並沒有一個絕對正確的標準答案，無論是自學、獨學或是與他人一起學習，都必須經過相當的討論，才能適時修正偏差的觀念，達到學問的平衡點。

事實上，這個問題的根源在於語言與文字的侷限性。由於其侷限性，使得每個人在閱讀不同的資料時，都可能因此產生不同的理解。相同一句話的陳述，有的人可能理解爲A，有的人則可能理解爲B，雖然剛開始在理解上的差距可能不大，然而基於A或B觀點所做的推論與演繹，到最後可能獲致的答案卻會顯得完全不同。

　　固然，我們可以把不同的資料、不同作者的作品，當成是自己假想的「討論對象」。就同一個概念，可以參考不同作者對這個概念的敘述，而不是僅侷限於一家之言，這也可以說是另一種形式的「討論」。然而，上述的說法僅是很理想的狀況，甚至可以說是過於理想化了。事實上，在更多時候，我們常常碰到的是一個完全繞不過的困難觀念，即使我們查遍了所有的資料後，還是覺得這個概念很模糊、很抽象、相當不易捉摸，那麼這時我們又該怎麼辦呢？

　　因此，擁有一個討論問題的「道友」，在這時候就顯得十分重要了。對某些文字的敘述，有的人可以很快地抓住重點，有的人則沒有辦法（這跟智商基本上沒有什麼關係，主要還是在於個人的閱讀經驗不同，對於文字的感受度，以及陳述概念的方式，在接受的層次上也有差異）。對於這種現象，一個生動的形容是「天線收訊不良」。那麼，如何改進收訊的方式，以便接收到「良好的資訊」，就是我們要去做的。

　　如果一味地依照傳統的工具及觀點去理解概念，這不會是一個有效率的方法，同時也將耗費許多不必要的時間成本。所以這時候，以同樣學習朋友的意見作為一種新的「接收工具」，藉助其力量，就會是一種十分有效的方法。並且，在與同儕的討論過程中，往往可以產生競爭意識，而使得學習的動力更為強大。

　　我們在以下還會談到有關讀書會的運作方式。的確，對深入研究來說，讀書會是很好的一種組織。即使不參加讀書會，也要想辦法儘量找到幾位可以共同研究的夥伴。因為很多時候，研究的路途是很孤獨的，越是深入地研究，你可以發現越能夠一起討論的人也越少。研究者在沒有人可以提供意見的情形下，很容易就感到氣餒。而如果研究的氣氛一旦被消解，研究就很難持續下去了。

　　因此，我們在這裡要鼓勵法律新鮮人，無論你的程度有多好，找到一個適合討論問題的對象，一個可以互相研究法律知識的夥伴，這對你計畫深入研究法律的工作來說，是十分重要的。千萬不要把自己禁錮在獨自閱讀與研究的象牙塔內，這是法律研究者的大忌，也是沒有意義的一種成本

消耗。

提出正確的問題

　　在社會科學中，問對問題比找到答案要來得重要的多。事實上，如何提出正確的問題，在社會科學的領域中，是最困難的。問題的提出標誌著提問人對於學問研究的理解程度。從一個人提出的問題深度，我們可以窺見他對這門學科所掌握的程度到底到達多少。

　　不要害怕提問，這是提問的第一步。許多問題的提出，乍看之下彷彿沒什麼了不起，實際上卻往往是學問的關鍵。人說「盲拳打死老師父」就是這個道理。外行人的問題往往是專家所輕易忽視的「基本概念」，也因此，我們應該做的是將問題的提出視為學問的指引，就像黑夜中的燭光一般。問題提的越多越好，一方面可以引出學問的趣味，一方面也可以藉由問題的提出，更瞭解學問的深度。

　　然而，光是提出一些問題，並不代表就可以掌握住學問。更重要的是藉由「修正問題」看清楚學問的本質。有時候，很多問題在一開始看起來似乎是很重要的。但在仔細閱讀資料，思考論斷之後，才會發現，原來的問題可能是對於研究主題的一種誤解。所以，光提出問題的意義不大，重點還是在於如何正確地提問，如何修正偏離方向的問題。

　　例如，我們談民主原則是否適用於中國這個問題，假設有一種論點認為，世界上沒有真正的「民主」，民主不是普世的概念，我們找不出可以稱為民主典範的國家，世界各國還是依照自己的國情去衡量要不要適用民主制度。因此，我們可以說：中國或許是不適合民主制度的。那麼，依照這種論點所可能提出的問題則是：「民主制度是普世的概念嗎？」「如果民主不是普世的概念，那麼『中國式的民主』有別於『美國式的民主』，是否可以被接受？」

　　這些提問基本上都是無效的，讓我們回到主題來看，研究的主題是「民主原則是否適用於中國」，那麼我們要談的，應該是「民主作為一種

原則，他的內容是什麼？」這種原則雖然在各國表現的方式有所差異，但「基本的論理，例如多數決原理與尊重少數原則，是否都被這些民主國家所體現？」因此，我們的問題著眼點應該在於「這些民主的原則是不是可以同樣適用在中國？」而不是「民主是否爲一種普世的概念？」這個研究主題的目的不在於選出一個民主的「模範生」，而是在討論一項政治原則是否可以被任何國家，包含中國所接受。

　　同樣地，在法律上我們也會常常遇到這種似是而非的問題。深入研究一個主題的目的，也在於排除這些思考上的障礙。應付這些混沌不明又龐然紛雜的概念與內容，最簡單的分析方式便是透過提問來釐清。

　　例如，民法上委任行爲和代理行爲的區別，如果我們要把委任及代理兩種概念清楚區分，那麼提出「爲何代理應與委任之概念有所區分？」或是「代理行爲所產生的法律效果是否與委任行爲不同？」等問題，要比籠統地提出「如何區分代理與委任兩種法律行爲？」這類問題來得具體並適當的多。提出正確的問題之另一項意義，就是問題必須具體而明確地指出研究的重點。

　　無論如何，適時地修正問題，將有助於拓深我們研究的基礎。這是從事法律深入研究時，所不可忽略的重要過程。

經驗結合的重要性

　　法律是一門重視經驗的學科，對研究者而言，法律的生命不但是邏輯，而且是經驗。對於經驗與理論結合的重要性，是深入研究法律時所不可忽略的部分。對於法律研究而言，一個重要的判例引用，要強過一百個原理原則的說明。

　　法律所描述的社會事實，只是諸多社會事實中的一小部分而已。對於法律人而言，最糟糕的是將書本中的社會事實與法律關係理解爲社會現實運作的眞實現象，而忽略了「法律有限，人事無窮」的本質。社會事實與環境千變萬化，法律只能夠略述其一二，其他的部分我們仍賴以經驗去理

解與分析。

　　也就是說，如果想要研究契約法，卻連基本的契約條款內容應該如何制定都沒有概念，那麼，又怎麼能說是充分掌握了契約法的精髓呢？又好比學習票據法，連匯票、本票或支票都沒有見過，那麼又怎麼能夠確實掌握票據法的相關規定呢？

　　司法判決判例是我們研究社會事實與法律關係最直接的途徑。現實生活中，我們不會稱某人為某甲某乙，也不會把公司稱為A公司或B公司，其中社會事實所產生的問題，要更複雜得多。如何從這些複雜的社會事實中清理出脈絡與頭緒，必須藉助清晰的法律概念以及經驗的結合。對於社會事實學習如何以法律定性，這是深入研究法律時所不可不知的關鍵。

　　只有把理論結合經驗，所得到的法律知識才是真實確切的。辛辛苦苦研究民事訴訟法，倒不如去法院旁聽一兩庭的訴訟，會來得更容易掌握民事訴訟的精髓。當法律人看到判決書時，或許會恍然大悟，所謂的實體法與程序法的關係竟是如此的貼近。滔滔不絕地講了一百多條實體法的原理原則，最後卻連該怎麼著手實行保護自己權利的方式都不清楚，如果說這叫做學問，不是很荒謬嗎？

　　所以，只有透過經驗的結合，才能夠真正清楚所謂的法律問題到底會出現在何處。深入研究法律並不是去鑽研一種形而上的玄學，相反地，他是掌握現實社會事實大門的一把鑰匙，透過這把鑰匙，我們可以更快地整理分析出可能的問題，進而提供有效的解決方案，這才是深入研究法學的目的。

　　也因此，判例與解釋等實務經驗的智慧累積，是深入研究法學時所不可或缺的資料，掌握住這些資料，便是掌握住法律學問的正確方向，法律人不應是不食人間煙火的書蠹，而該是淬鍊豐富社會經驗的智者。

第 4 章 ▶▶▶
記筆記的方式

筆記的型態

　　上課了，老師興奮地講述著課程的內容，陶醉在無邊無際的法學知識之海中，隨著重點的提出，老師講話的速度越來越快，聽講的學生們根本無法完整地記下所有的講課內容，這時，應該怎麼辦？

　　在筆記的抄寫上，一般我們可能有兩種方式選擇：第一種是用共同製作筆記的方法，例如將全班同學分為幾個小組，各組負責一週的課程內容的筆記。這類型的共同筆記，通常會運用到錄音設備。而筆記的內容，也幾乎是一字不漏地記錄下老師上課所說的內容，彷彿原音重現。

　　這種俗稱「共筆」的製作方式，在動員上得花一些時間去組織。此外，這類共筆也存在著一些問題，事實上，根據製作筆記的人在技術上以及理解上的差異性，共筆所呈現的內容未必能夠精準地反映老師的思路，而且光靠共筆去理解一門課程也是不夠的。這種「原音重現」的共筆雖然在某種程度上可以保證筆記的一定水準，但那不代表學問的本身。即使是資深的老師，也未必能夠在幾堂課中清楚並完整地交代所有的法律概念。事實上，對於老師而言，更重要的是，如何透過課堂的講述啟發學生學習深入研究法律，而不是透過講課對課程做摘要式的歸納：老師可不是來向學生做報告的。

　　另外一種筆記的製作方式，也是我們在這裡要說明的，即個人上課筆記的製作方式。這裡，我們將筆記區分為「上課筆記」與「複習筆記」兩種。上課筆記指的是，在上課時以簡要迅速的方式記錄老師上課內容的筆記；複習筆記則是上課筆記的「再製作」，屬於後置作業，主要著眼於系

統化整理所有資料的內容，以下我們分別說明製作的方式。

1.上課筆記的製作方式

　　如何迅速抄錄老師的講課內容？其中的關鍵在於符號的運用。文字基本上和音符一樣，都是一種記錄觀念的符號。製作上課筆記最忌諱的是將老師的授課內容一字不漏地抄錄，因為這麼做會有幾個缺點：首先是抄寫文字的速度絕對不容易趕上說話的速度，而且說話有時候並不像文字撰寫那般地洗鍊精簡，有許多不必要的話是不需要一一記錄的。其次是精力的問題，將老師的話做逐一的記錄會容易疲乏，並且對於講課內容的注意力與重點均不容易掌握，一堂課下來，逐字抄寫的結果往往只會讓你人仰馬翻，搞不清楚自己到底聽了些什麼東西。

　　所以，既然文字是用來記錄觀念的，那麼無論是哪一種符號，只要可以將概念快速地記錄下來，則製作上課筆記的效率將會大大地提高。也就是說，運用「縮寫符號」的記錄方式，將要比原來純文字的完整記錄方式要有效的多。

　　我們可以把一些特殊的專有名詞使用符號或圖形去記錄，這樣的話不但方便理解，而且可以省去許多不必要記錄的時間，對於所聽講的課程內容完整性的掌握也要有效得多。具體的做法，我們可以將以下的專有名詞用一些縮寫碼代替，例如：

民法第8條＝c.§8（c＝civil law，條文＝§）

損害賠償金額＝D$（D＝damage，$＝金額）

國際＝int.

國際公法＝IL.

國際私法＝IPL.（international private law）

構成要件＝TB.

責任＝R

責任能力＝RC.

船舶所有人＝PB.

船舶所有人責任＝PBR.

最高法院＝SC

最高法院80年台上字第158號＝SC台上80/158

類推適用＝（A）

→類推適用民法第8條＝（A）→c.§8

除了使用縮寫符號外，我們還可以運用圖像的方式記錄相關的案例以及原則，例如：

【案例】中華民國籍的某甲與同國籍之某乙結婚生子丙，嗣某甲到日本工作時結識日本女子丁，旋而於東京閃電結婚。甲於返國途中遭遇空難，遺有日本銀行存款一百五十萬元與座落於台北之房屋一棟、汽車一輛。丁即於我國法院起訴請求繼承甲之遺產，問我國法院應如何處理？

關於這一個案例，我們就可以用圖像的方式記錄當事人間的法律關係：

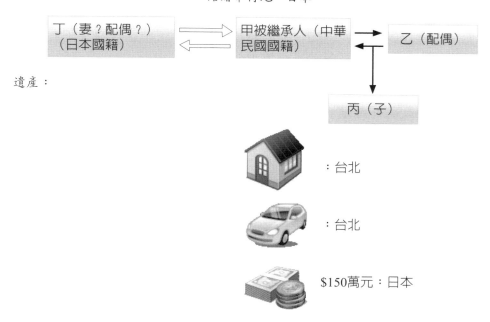

結婚舉行地：日本

丁（妻？配偶？）（日本國籍） ⇔ 甲被繼承人（中華民國國籍） → 乙（配偶）

→ 丙（子）

遺產：

：台北

：台北

$150萬元：日本

我國法院起訴

問題：遺產繼承權人？

上課筆記要綱舉目張

　　製作上課筆記的另外一個要點是，必須綱舉目張，將老師的授課內容做有組織的記錄。

　　有些老師的上課方式比較有系統，有組織，甚至他會清楚地說明講授課程的各項主要標題與子標題。但是，並不是每個授課老師都會這麼做，因此，從授課老師的課程去試圖組織，下標題，便成為上課筆記的重要工作之一。

　　記錄上課筆記就像戀愛的感覺一般，時間越久越難以想起當初的激情。時間是筆記的最大敵人，再怎麼鉅細靡遺的筆記，時間一久，也會忘記重點與方向。判斷上課筆記的優劣，主要就是在於這些標題是否綱舉目張地被羅列。光是看標題的內容，就可以確定老師授課與思考問題的方向。如何從上課筆記中迅速地掌握住學問的梗概，這才是上課筆記最大的功能。隨著科技的進步，我們也可以運用新的器材完整地快速記錄筆記。例如使用數位相機或智慧型手機，將老師上課的板書直接照相記錄下來。當然，有些比較老派的老師，對於照相的這種方式無法接受，因此在使用這類型的數位工具前，還是先徵求老師的同意後再進行，一方面是尊重老師，一方面也可以避免不必要的誤解與糾紛。

　　上課筆記就好像是一張地圖，最大的目標是在於如何前進到我們所想要的學術殿堂中。我們不是在編纂一本四庫全書，而是在組織老師上課的內容。認清上課筆記的功能與目的，才不至於浪費過多無用的氣力在無意義的工作上。也就是說，我們應該將上課筆記視為一種功能性的指標，並不是說筆記做不好，學問就做不好，而是在於筆記做好了，學問會更容易掌握，脈絡也會更加清楚。

2.複習筆記的製作方式

　　另外一種後製作型的筆記，我們稱它做「複習筆記」。複習筆記與上課筆記不同，它比較沒有時間上的緊迫性，而是另一種有組織、有計畫的讀書心得內容。

　　光是擁有上課筆記，卻疏忽未將上課筆記進一步地擴張為複習筆記，那等於工作只做了一半而已。做了一半的工作，在某種意義上來說，等於是沒做。一般學生很容易忽略筆記後製作的重要性，認為既然有上課筆記，又何必去增加另一種複習筆記呢？

　　這種觀念顯然是錯誤的。我們必須這麼比喻，上課筆記就好像是半成品一般，只有經過再進一步的「加工製造」，才能把上課筆記精鍊為複習筆記。也就是說，複習筆記作為上課筆記的擴充型，上課筆記所可能呈現的不連貫、欠缺完整及深度不足等問題，在複習筆記中都應該予以避免。

　　理想的複習筆記應該包含幾個部分：

　　(1)清楚明確的標題與架構：不管原來上課筆記的標題及用語如何，複習筆記可以重新組織相關的標題與架構，不用受到上課筆記的限制。

　　(2)各種資料的齊備：上課筆記中所提到的各種可能的資料，例如判例或解釋等，在複習筆記中都應該予以齊備。也就是說，複習筆記對於一個主題的周邊資料，例如司法院解釋、最高法院判決、重要實務決議、理論分類以及爭議問題等，均應該予以補充完整。同時，也要注意資料的「新鮮度」，隨時更新資料內容。

　　(3)試著在複習筆記中提出問題：在整個課程進行結束之後，再回過來看這些問題，試著去解答，或是修正，甚至刪除原來的問題。

　　(4)練習描繪出理論架構圖：以圖像的方式重整記憶、分類相關的概念。

　　(5)相關法條的本文亦應該逐一清楚列舉，以便參考。

　　整個複習筆記的概念看起來就像個軍事方陣一樣，我們可以用方陣圖形簡單地組織複習筆記。事實上，在準備與撰寫複習筆記「方陣」的過程中，就是一項很好的練習與組織力的培養。以下我們將複習筆記的方陣圖繪於其下，供讀者參考。需注意的是，這並不是唯一的標準編列方式，但至少可以對研究的主題一目瞭然。靈活運用自己的特色重新組織複習筆記，才是我們鼓勵的方向。

主題：一般侵權行為

侵權行為

相關法條　　　　　　　　相關解釋

定義、要件

性質　　　　　　　效果

形式要件　　實質要件

爭議問題　　　　　　　相關聯問題

【方陣範例】

第 5 章 ▶▶▶
讀書會的組成

共學的好處

前面我們說到學習的方式有許多種，以人數計算，有獨學的方式，也有共學的方式。所謂的共學，就是指組成讀書會這種方法。一般的法律系學生單打獨鬥慣了，對於讀書會的組成也是採取一種消極的參與態度。關於讀書會該怎麼組成、如何進行等，也常常沒有什麼清楚的概念。

事實上，如果忽略了讀書會的好處，是十分可惜的一件事。目前有許多學校的大學生，都依靠著高年級的學生或研究生帶領讀書會，這原沒有什麼不好，然而，這種老手帶新手的讀書會結果，往往使讀書會的進行，變成了另一種形式的上課。也就是說，除了一般上課的時間外，讀書會也成了小型的「補習班」，所不同的是，這個補習班的人要少些，而且是免費的。

如果可能，我們當然比較建議讀書會中能夠有較資深的學長姐參與，至少這些資深的參與者可以提供一些比較中肯與寶貴的意見，也能減少一些不必要的爭論發生。即使沒有辦法找到人，我們認為這仍不是讀書會無法組成的理由。相反地，有時候可能會因為少了某些直拗脾氣的學長姐，讀書會的氣氛要好得多了。

於此，我們向各位介紹讀書會的基本組成以及其運作的方式。當然，這不是唯一的標準，不過，如果一個讀書會的組織能夠按照以下的建議去試行，相信也一定能有所收穫。

一個組織健全的讀書會，應該注意以下幾個條件的完備：

讀書會的目的意識應該要清楚

首先，讀書會的目標必須要明確。這個讀書會主要針對的是考試？還是就一般的課業進修？還是為了加強某些科目？都必須要有清楚的目標。

就針對考試的讀書會而言，大致上的進行可以分為兩部分，第一部分是討論讀書的內容，我們稱之為input的工作（也就是研究如何將資料正確地傳輸入腦中的工作）；第二部分則是討論如何有系統地陳述法律概念，也就是所謂output的工作（討論如何正確精簡地陳述已知的法律資料工作）。這兩部分的工作都不能荒廢，就一個考生而言，必須在情報蒐集、資料整理、概念理解、陳述表達等方面下足功夫，讀書會的功能也在於縮短這幾項準備工作的時間。

一個沒有清楚目標的讀書會，在進行討論的過程中，很容易失去焦點而顯得一團混亂。如果目標很明確，那麼針對相關目標所做的各種情報蒐集、資料整理、概念理解、陳述表達等工作將不會失去方向，而顯得龐雜。

比方說，如果我們成立一個專就刑法學科部分加強的讀書會，那麼有關刑法的各種資料蒐集，就應該清楚地劃定範圍。蒐集資料的原則變成：只要可以加強刑法實力的資料，都不能放過。這和針對國家考試的讀書會，進而就特定範圍的相關法律資料為蒐集的做法，是不一樣的。所以，在這種專門針對某科目加強的讀書會來說，即使是比較偏僻的理論與文章，都可能成為這類讀書會所討論的對象。

讀書會的目標就好像燈塔一般，在茫茫黑暗的知識瀚海中指引方向。我們對讀書會的理解，不應該認為它是無所不能，無所不包的。漫無目的，只想包山包海一次搞定所有問題的讀書會，注定是要失敗的。

所以，明確地訂立讀書會的目標，是讀書會會員彼此間必須努力思考的首要工作。目標最好是短期的，不要過於好高鶩遠。比如說，我們可以訂立以一個學期為單位，目標是民法或刑法等主科的分數在八十分以上，並且每個人在一學期內，必須要交出相關的報告，字數在五千字以內，一

共五篇等。

讀書會人員以五人以下為適當

　　讀書會的參與人員不宜過多，五個人已經是極限。這是考慮到討論的過程中，避免過於冗長的設計。如果一個人報告，其他四個人提問，一個問題一人耗去五分鐘去討論的話，五個人就是二十五分鐘，假如設定讀書會的討論時間是兩小時，那麼一次讀書會的討論進行過程中，頂多只能夠討論八個問題，這對於成員的任何一人來說，都是極無效率的。

　　讀書會的人數與讀書會進行的效率成反比，這是不變的原則。只要三個人就可以成立一個讀書會，事實上，這也是讀書會的最佳人數。三個人能夠運用的時間和討論的問題，最恰到好處。與其參加那種大規模的讀書會（或者應該稱之為「會議」），倒不如組織一個小而精，小而美的讀書會。

　　三個人在安排進度上與討論時間上，都比較容易互相配合。在讀書會討論進行的過程中，如果人數是奇數，也比較不容易發生過於激烈的爭執，與無謂時間的浪費。想想看，法院的合議庭也是三個人，如果三個人就可以做成的事情，為何要五個人、六個人甚至七個人去做呢？過於龐雜的人事組織只會拖慢進度，造成無效率的結果，這是組織讀書會時所不可不知的。

一週討論的次數

　　讀書會一週應該討論幾次？這要視讀書會的目標而定。一般而言，次數約在每週兩次左右為最宜。當然，也可以隨著進度調配討論的次數，但一週至少要有一次的經常性討論，間隔過久的時間容易使得成員懈怠。

　　我們所建議的一週兩次討論，可以分為input與output兩種。input（輸入）的討論方式，主要在於資料蒐集與整理。如果有相關的概念問題，或是筆記製作上有不清楚之處，都可以在討論的時候提出來，交換意見。

　　output（輸出）的討論方式則可以藉由考古題的練習，或是以專題報告、複習筆記交換等方式進行。考古題的練習可以用一人抓某一年考題的方式，然後現場模擬約四十分鐘的時間解題，之後再互相改題，每個人針對別人的答題內容提出批判與修正，認為有不足或有爭議的地方，在後一個階段中逐一討論。output的過程，目的是要將法律概念的表述與闡釋的方式達到最完美的地步，讓每一次的練習都會有所收穫，以強化法律概念的表達，這部分可以很彈性地，視需求而調整。

嘗試做報告

　　嘗試在讀書會的討論中做專題報告，這也是讀書會的進行方式之一。一般來說，做過相關專題報告的學生，通常對該專題的內容掌握也越是完整。

　　讀書會中不需要做出一份正式的書面報告，可以另外採取比較簡略的方式進行。當然，讀書會也可以要求成員寫的報告越詳細越好，只是在各個報告中，參考資料及引註資料的來源都應該寫得非常清楚。讀書會專題報告的目的不在於完成什麼了不起的學術成就，而是在於如何將豐富的參考資料提供給成員共享。

　　當然，如果真的要寫一篇正式的報告，也未嘗不可，只是必須要注意報告的製作時間不要占用太多的讀書時間，以免增加不必要的負擔，反而削弱了撰寫報告的意義。

聚會的時間掌握

　　一般讀書會的進行時間，最好掌握在兩個小時之內完成。聚會的時間掌握關係著讀書會的效率，因為一旦超過兩個小時以上，成員的注意力以及討論效率都會開始降低。聚會拖得太久，容易使得議題的討論疲乏，也容易造成錯覺，以為這次的聚會已經完成了什麼重要的工作，而使得成員們的鬥志懈怠。

　　這其實是一種心理問題。長久的工作很容易使人誤解為是有顯著效果的，往往這樣的結果會演變成讀書會的無效率化。因為心理上會以為：「啊！這次已經做了那麼多工作了，下次要更好，所以得準備久一點時間，間隔時間也要拉長才行。」事實上就整體而言，一次的聚會只是討論了一小部分的內容而已，但因為聚會時間的拉長而使得成員們產生「我工作很久」或「我已經很用功了」的錯覺，這是非常不划算的。

　　沒有必要將討論進行超過兩個小時。美式企業曾流行過「一分鐘會議」及「一分鐘管理」的構想，當然，讀書會不用做到這麼極端。然而，這意味著時間越緊迫，反而越能夠迫使成員們選擇更有效率的討論方式。其實，我們觀察各大學的課程安排就知道，鮮少有課程會在一天中超出兩個小時的，更何況中間還有下課時間呢！

　　那麼，如果聚會不超過兩小時，中間還需要休息嗎？

　　我們的建議是：不用。因為休息的結果往往會讓已經進行的討論冷卻，在休息的當時，也可能因為閒聊造成嚴重岔題而不自知，耗掉更多的時間去彌補這種岔題的後果。不妨這麼想想：在兩個小時之內解決完重要的問題，剩下的時間就是自己的了，這樣讀書會才是為你所用，而不是你為讀書會所用。

工作的分配

　　關於讀書會成員的工作分配，以三個人組成的讀書會為例，所有成員可以負責某個部分的分工，當然，這並不是說其他成員就可以省略這部分的工作，而是說，在某部分有人專門負責解決該部分的問題。

　　以下幾個主要的工作可以被簡單地分配給每位成員：

1. 蒐集實務意見

　　其中一位專門蒐集有關問題的實務意見，例如大法官會議解釋文、憲法法庭裁判、最高法院判決、大法庭裁定、重要指標性判決、相關決議等。在其他成員為蒐集或蒐集不完全相關資料時，負責提供意見，並且彙

整相關的實務意見資料。

2. 蒐集理論爭議

其中一位負責相關問題的理論爭議部分,負責羅列並報告理論上的爭議問題,以及相關的期刊文章、論文內容等,並組織架構圖。

3. 筆記及考情統整

其中一位負責上課筆記重整的工作,可以用建檔處理的方式整理。並蒐集相關的考古題,配合考試趨勢。

競爭意識的拿捏

最後,對於讀書會的氣氛,最重要的是適度地培養成員間的競爭意識。事實上,研讀法律的學生在理論的探討上,普遍說來比較有文人相輕的傾向。如果一個讀書會中有這種現象發生,應該要趕快消弭,以避免無謂的爭端發生。

所謂無謂的爭端,往往可能只是在一些細節上的小問題,因為各自的理解不同,而產生不同的看法。像這種無謂的爭端發生時,最好的結論或許是「各自保有自己的看法,來日再做討論」,而非「真理越辯越明」。我們必須遺憾地說,真理往往不是靠辯論能夠接近的,事實上,反而因為辯論的得失心緣故,造成真理被矇蔽,或者應該說是真理究竟如何,反而成了次要的問題。

然而,讀書會上如果是一團和氣,沒有任何的論證與辯論的話,對於成員也不是一個好現象。人的能力總是如此,必須經由環境的激發以及同儕的刺激,才能夠更上一層樓。保持適度的競爭意識是重要的,也可以使得研究之路不顯得那麼的孤獨。

所謂棋逢敵手,乃是一大樂事。程度相差太遠,是激不起什麼火花的。也因此,在選擇讀書會的成員時,最好能確定彼此間的程度不會相差太多,這樣子進行讀書會才能夠發揮最好的作用。

永遠記得,讀書會是用來協助你念書的團體,不是用來拖累你的。要

不要組讀書會、應該怎麼組、內容怎麼確定，還是必須靠自己去斟酌，衡量具體的狀況，「謀定而後動」才行。

第 6 章

拉近實務與理論的距離

何謂「實務見解」？

　　我們常常聽到「實務見解」以及「理論學說」兩種迥然不同的分類方式，然而，什麼叫實務見解？什麼叫理論學說？兩者的關係究竟如何？卻很少被人清楚地說明。

　　事實上，關於法律的研究資料也就只有這兩種：「實務見解」與「理論學說」。前者包含了司法院及大法官會議解釋、法院判決、判例彙編、研究決議、行政機關意見、函釋等；後者則是囊括了立法沿革及意旨、一般法學基礎理論、座談會論文與研究報告等資料。

　　實務見解是法律實行戰場上的第一線，法院的判決當然是最主要的資料來源。各級法院的判決，由最高法院擇其具有重大影響性者，編為判例。所謂判例，就是判決的範例，在實務運作上，判例具有事實上的拘束力，也因此，最高法院的判例往往被學者專家拿來討論，當成研究的重心。

　　所以，我們可以知道，事實上的法律運作通常會是按照這一種流程進行的：法案提出→國會通過→總統公布施行→法官用法做成判決→最高法院取其為判例→學者專家引為研究補充→問題提出或新概念之形成→鼓吹新概念及修法或制定新法之需求→法案再提出→國會通過……。

　　實務見解可以說是對法律運作的最直接反應，這也就是為什麼所有的法學家都不能夠忽略掉判決與判例的重要性。沒有一篇重要的法學文章會忽略掉實務的見解，因為法律的生命並不是立法者制定法律，表決通過完成的那一刻，而是在於法官決定如何運用法律的當時。

　　法學的理論學說固然有帶動法學進步的功能，然而這種帶動的方式並不是毫無方向與頭緒的。也因此，如果我們要真正掌握法學，就不能忘掉實務意見的重要性。隨時拉進實務與理論間的距離，其意義也在於此。

　　舉個例子來說，好比我們學習民事訴訟法，有關民訴法理的討論，往往顯得紛雜而又精細。民事訴訟法的條文結構看起來也是龐大無比，似乎很難從中掌握到要點。然而，如果我們在學習民事訴訟法的過程中，願意抽個空去法院走一趟，看看開庭的程序，瞭解一下司法狀紙的模樣，以及相關聲請、強制執行的發動方式等，則很快便能夠掌握到民事訴訟法的整體觀念。

理解實務運作的最佳方式

　　看一百遍民事訴訟法，不如自己親自走一趟法院，弄清楚程序。這道理就好像是電腦的使用說明書一樣：往往我們看到的電腦使用說明書，所描述的使用方式寫得非常冗長，一個簡單的使用動作可能被說明書具體描述了兩三頁之多，而實際上我們去操作的時候才會發現：「啊！原來是這麼回事啊！好像也沒那麼困難嘛！」

　　事實上，這是因為文字的敘述作為一種記載與傳述知識的方式，往往沒有辦法顯得精簡。我們知道記錄與傳述知識有很多種方法，而目前在法律界，很遺憾地，僅能以文字的方式設法清楚表達各項的概念，其他如使用圖像、影像等方式傳導概念，在法律界，或者應該說在「法律實務界」裡的運用，還是很有限的。但無論如何，我們必須要知道，想要獲得知識，未必要經由文字的途徑才能夠取得。到法院參觀學習就是一種很好的方式。

　　有些人進出法院多了，他們所運用的訴訟技巧以及所具備的法律常識，甚至不輸給法律系的大學畢業生。這個情形的解釋是，最好的法律學習實際上不是在書本裡，而是在生活中。人們通常都是事不關己漠不關心，然而一旦自己介入其中的環境，就很快能夠抓住狀況，這也就是我們

說的，學習不是僅在書本裡。

　　又好比說，像商事法這一類非常實務性的科目，我們學習票據法，一張匯票或是支票的模樣都沒見過；學習公司法，沒見過股票的樣子；學習海商法，不知道載貨證券提單長什麼樣子。這種情形在法律系學生間其實非常普遍，但卻是學問的致命傷。

　　如果我們問票據的應記載事項有哪些，與其去背誦法律條文中所規定的項目，倒不如真的去找一張票據來研究一下。上頭的內容與法律規定是一致的，只要看到票據的模樣，就可以輕鬆地想起上頭會有些什麼東西。如此拉進實務與理論之間的距離，這種學習就是很自然的，想忘都忘不掉。

　　此外，法律系學生在假期時，如果能到實務界去見習，那麼收穫肯定要比課堂上大得多。在法律事務所中見習，可以想辦法看看訴狀是怎麼寫的，怎麼提出相關的卷證內容，甚至如何進行訴訟策略等。這些具體的事物，在學習法律的過程中，特別是程序法一類的法律，可以幫助聯想，輕易地把經驗和理論相結合，也更能因此抓住理論的重點。這種實務經驗學習是必須的，而一般來說卻往往被挪到就業之後才去注意，這不是很可惜嗎？

第 7 章

書籍的功能

如何看待書籍？

　　因為個性的差異，許多人對於書籍的觀念也有很大的不同。

　　有的人其閱讀習慣是一定要劃線，如果書本沒有劃線，就很難讀得下去。相反地，也有人把書本愛惜得像聖經一般，捨不得也不敢在上面多加註解或評釋。這種近似潔癖的閱讀方式，也存在於許多人身上。

　　這也就是我們要提出的問題：所謂書籍的功能，究竟應該怎麼樣去看待？

　　對於書籍的癖好固然人人不同，然而書籍本身的功能卻是一致的。至少，書是用來看的，不是用來拜的。當然，在某種程度上，「新書」的感覺，固然對某些人來說很重要，但如果「新書」沒有辦法幫助讀書的人更進一步地掌握書中的知識，那麼書本又有什麼意義呢？

　　書籍的功能在於，它能不能提供閱讀者有益的資訊。這裡包含了幾點：首先是書籍的檢索方式，是不是夠明確，能夠讓讀者一目瞭然地取其所要的資訊，其次則在於書籍的種類，每一種書有每一種書的讀法與用法，就像每個人有每個人的個性一樣。

　　不妨這麼想：書是人寫的，既然是人寫的，自然每本書也注入了個人的風格。書是用來傳遞知識與概念的，當你在閱讀一本書時，如同書的作者在你面前，對你說明他的想法一樣。問題在於，我們不需要知道每個人對同一件事物的想法，通常那樣做只是徒然地擾亂自己原有的概念。讀書也是一樣，不是書讀得越多就越好，重點是在於能不能活用書本上所吸收到的資訊，進一步地將之與其他的知識做相關的連結。

　　這就像網路的概念一樣，學術建構的重點，便在於如何將所學的知識組織成一個有效的網路，這也就是我們所提倡的「結構主義」。[3]從現在開始，對於書本的概念，學習者必須要放棄「讀遍萬卷書」的觀念，而應該使用另一種「功能性」的觀點，對待所欲使用的書籍。

活用各種書籍的功能

　　首先，我們必須分清楚各種書籍的功用。有的書是可以被當成「標準本」來使用的，有的書則應該被當作「參考本」對待。每種書的功能不一，在閱讀上所採取的方式與態度也應該有所區別。

　　對於被列為「標準本」的書籍有幾個條件：

1. 在內容的撰寫與分類上符合自己的需求，可以立刻明確知道作者的表達意義。
2. 不宜選擇內容太過於冗長的書籍。
3. 不宜選擇內容過於偏頗的專論作為標準本。
4. 標準本的內容不需太詳細，但所涉及討論的廣度最好大一些。

　　被列為「標準本」的書籍，在使用上可以更加彈性。例如置入索引標籤以及劃線與在頁面空白處加註筆記等。所謂的「標準本」，在另外一個意義上即是「加工處理過的書籍」。標準本不需要遵照原來作者的編排，而是視自己的需要重新組織。

　　甚至於，我們可以把「標準本」的書籍重新拆解，完全不需要留下原來作者所編排的形式。製作「標準本」必須打破對書籍完整性崇拜的迷思，因為我們是取其精華，取其最能配合自己的部分，而不是照單全收。所以就算把書本撕開來重新拼湊，也沒什麼好可惜的。

　　至於「參考本」，則必須要儘量保持其完整性。所謂的「參考本」是

3　見本書緒論篇第四章以下的說明。

標準本的資料補充，在參考本的選擇上，至少應該要注意：

1. 資料的完整性

亦即參考本的內容與引註越詳盡越好。

2. 資料的新鮮度

由於參考本是用來補強標準本的不足，對於其內容、版本以及所引註資料的日期，均應該注意是否已有所變更。

3. 參考本的參考價值，應隨時注意調整

也就是說，根據讀者的需要，增加或刪減相關的參考書籍。例如欲參加國家考試者，一般而言，對於典試委員的著作即應該予以蒐集，一些必讀的書目，不要因為想省錢而忽略了這些重要的資訊。

書本不用從頭念到尾

對於參考本書籍的保養與蒐集，自然與標準本不同。參考本不需要做太多的加工或眉批，保存這些參考書籍的完整性是必要的，至少在參考書籍內容時，不要讓視覺產生太多的困難。因為凌亂的劃線有時候是閱讀之敵，特別是不常使用到這類劃線的書籍時，零散的書籍加工反而會阻礙檢索的進行。換句話說，參考本的功能僅是在於補充標準本的不足，並非取代標準本的地位，所以在干擾閱讀發生的可能性上，我們必須將之降到最低，以避免增加檢索上的時間消耗。

參考本與標準本不同之處，在於參考本的書籍，不需要從頭到尾把它看完，只要擇其精要者「參考」之即可。從這個角度來看，有效的學習其實不在於閱讀書籍頁數的多寡，而在於是否能從中組織及掌握概念。將每本書從頭到尾讀一次，最後的結果只是讓自己更加地無所適從而已。

比如說一個「代理行為」的觀念，我們可以用王澤鑑大法官的《民法總則》作為標準本，而以李模先生的《民法總則之理論與實用》、鄭玉波先生的《民法總則》等作為參考本，將其中有關「代理行為」的部分和王

氏著互相對照參考，再將心得或筆記記錄在標準本或筆記之中，如此的學習才是真正活用了書籍。

　　所以，對於書籍的看法，在高等教育之中，我們不能再用過去高中以前的那一套方式看待。背誦與記憶只是其中之一，如何有效地整合書本中的知識，才是我們在法學教育中所要學習的重點。

第 8 章

結構的建立

結構主義？還是一本書主義？

　　如果一個法律新鮮人去問法律老手，到底該怎麼樣才能學好法律？相信十之八九的法律老手們都會回答：你必須先建立起自己的一套法律知識的結構才行。我們在之前的各章中，也一再地強調著「結構主義」要勝過「一本書主義」的觀念。

　　問題是，有關法律知識結構的建立，說起來雖然很容易，但到底該如何著手進行，則是言人人殊。在之前的各章中，我們提到過知識結構的建立，與看了幾本書沒有什麼太大的關係，也與記了多少法條沒有必然關係。

　　事實上，結構不需要完美無缺，只要可以派上用場就行了，無論你是採用哪一種基礎都可以，結構只是一種研究法律的工具，工具本身長得好不好看，漂不漂亮，並不是那麼重要。重點在於，工具好不好用？是不是我們時時刻刻都維護與增強這項工具的功能了？

　　所謂的結構，也不需要把它想得太複雜。其實，最好的結構，往往是最簡單的結構。一旦將知識結構過度複雜化，就失去了建立結構的意義了。結構必須要單純些，可以讓人一目瞭然，並且可以隨時派得上用場。過於複雜的結構就像過於笨重的兵器一樣，看起來似乎殺傷力頗強，卻難以因時因地制宜，無法達到靈活運用的最佳功能。

　　因此，如果想確定你是否建立了一套良好的法律知識結構，就必須要注意兩個重點：系統化與單純化。以下有幾個原則可以提供學習者檢驗，大體說來，只要按照這些原則進行，學習者所建立的知識結構便是可以被

信賴的。

你所建立的知識結構，是否對於基本理論中的「定義」、「性質」、「種類」、「要件」、「效果」等問題都確實地予以掌握了？

法律概念的掌握，首要者為法律名詞的定義。在基本理論中，定義是最重要的一項討論基礎。學習法律者必須將法律名詞的相關定義瞭解清楚，例如「何謂處分行為？何謂負擔行為？」「何謂單方行為？何謂雙方行為？」「何謂構成要件錯誤？何謂禁止錯誤？」等。這些法律的專有名詞，無論見解如何，到最後都應該試著去下一個定義，然後，根據你所下的定義，再進一步地延伸討論相關的問題。

法律名詞定義掌握之後，則是對於法律概念的性質做進一步的理解。所謂性質，有時候是指這個法律概念，在法律系統中占有怎麼樣的地位，有時候則是指根據定義，這項法律概念所可能表現出來的特質是什麼。性質的問題往往是跟著法律概念的定義一起思考的，例如「何謂國際私法？（定義）國際私法的性質為何？（性質）」「何謂侵權行為？（定義）侵權行為的性質是什麼？（性質）」。

「性質」是進一步掌握法律概念的特徵，使得法律學習者可以進一步地依照這些特徵去思考法律規定的目的。另外，關於法律概念特徵的掌握，除了研究概念本身之外，另一種方式是透過比較的方法，去辨異各種不同的概念，這就是有關「種類」的討論。例如「關於債務不履行（概念）有幾種情形（種類）？」「關於憲法的制定方式有哪些（種類）？」對於種類的掌握，是屬於一種間接掌握法律名詞及概念的方法。對於這些法律名詞及概念，常常我們也會遇到「要件」上的問題。事實上，所謂的「要件」，就是將法律名詞的概念予以拆解後的分析方法。例如「侵權行為的要件」，我們可以將之拆解為「主觀要件（故意或過失，不法）」、「客觀要件（侵害他人權利、利益）」與「因果關係（損害與行為間具因果關係）」三類。對於「要件」的掌握，事實上也是對於法律概念的內容做進一步的組織與拓深。

再者，關於法律概念的「效果」問題，也是應該清楚理解的。例如

「代理行爲之法律效果」，我們必須知道「代理人、本人、相對人」間的三角法律關係，各自會產生什麼樣的法律效果（例如其中關於越權代理、表見代理與無權代理所產生的法律效果，即各不相同），進一步地，我們才能對代理行爲的法律效果做出適當的評價。對於某些法律概念或行爲所產生的某種法律效果，事實上是探討法律關係時的核心部分，這也是檢視學術結構上所不可忽視的重點。

對於某個章節中的法律問題，最重要的是哪些？是否都很清楚了？

某個環節的法律問題，特別是在程序法中，會出現連鎖的效應，所以對於這些章節中所提及的問題，如果能夠一一掌握其重要性，並且知道，這些問題所可能連鎖引發的其他問題，那麼才能算是真正弄清楚理論的結構。

例如，民事訴訟法上有關「既判力」的問題，既判力爲什麼重要？爲什麼會被提出來討論？主要是在於既判力的範圍，將影響到判決之後的上訴或重新起訴等問題。所以，既判力的範圍有研究的必要。在這裡我們不會只瞭解到「何謂既判力？」而是進一步地去理解「既判力對訴訟程序有何影響性？」

我們既然知道既判力的影響性，接下來要做的就是，組織整理有關既判力的相關法律問題。哪一個問題是最重要的，或是最有爭議的，這些都應該要瞭解。

對於法律問題的整理，主要的掌握是「法律問題的爭點（issue）是什麼？」而不是「誰對這個爭點說了些什麼話？」所謂的「爭點」是中性的命題，也就是說，爭點本身不涉及推論，也無關立場，而是對某一項法律問題做疑問式的陳述。例如「既判力的射程範圍應如何界定？」這就會是一個爭點，而「某教授」對於「既判力射程範圍」的認定方式，則僅是一項推論，不是爭點。每個法律爭點都可能與其他的法律爭點相關，所以

在組織和研究這些法律爭點上，也必須要注意掌握它們彼此間的關係。

對於相關的裁判、決議、解釋等，都已經確實地理解了？

　　光是法學理論的資料，是不足以支撐你的法學理論結構的。司法界實務的意見，例如：最高法院判決、大法庭裁定、各級法院重要判決（通常是最新的法院見解）、司法院大法官會議解釋、憲法法庭裁判、最高法院民刑庭總會決議等，都是必須掌握的部分。

　　當然，除了重要的大法官會議解釋及判例字號以外，基本上我們是不需要去記住每一則法院的判決字號、機關文書的函覆字號等細節的。事實上，實務意見最重要的有兩個部分，一是「既定的原則」，另一個則是「發展的趨勢」。

　　所謂「既定的原則」，這裡包括了實務傳統上向來的見解以及推論，這些既定的原則構成了法院的基本推論基礎，必須要熟記其內容與充分理解這些原則的運用方式。

　　而所謂的「發展的趨勢」，是指司法實務意見雖然一向保守，但是新的理論與學說的發展，對於實務意見也常常有所啟發與影響，這類新理論與新觀念的發展趨勢，在實務上所呈現的軌跡，即有相當之重要性。通常「發展的趨勢」見於新形成的實務判決、解釋與決議之中，這方面資料的更新，平時即需下足功夫去準備。

對於法律本身規定的內容，是否都已經掌握了？

　　一般法律學習者很容易在接觸法律書籍時，迷失在龐大的資料與理論的論述叢林中，卻忘了這些資料與理論的爭議，事實上都來自於成文法規定的源頭。

　　也就是說，如果光是念理論，而不去看法律條文實際上做了些什麼規定，這便是本末倒置。法律條文本身的內容應該是主要研究的客體，除了法條的條號盡可能的記住之外，也應該把法條內容的關鍵詞句予以熟記。

能不能清楚地舉例說明各種法律概念是如何運作的？

　　法律概念光是處理抽象的定義、性質、種類、要件、效果等問題，是不夠的。對於每一種概念，檢查我們是否確實地掌握要點，最好的方法便是舉例。

　　列舉實例，是用來說明抽象的理論與原則進行最直接的方法，也是最快能找出自己理論上問題的一種檢驗方式。例如，我們講「侵權行為」，理論上的陳述是「因故意或過失不法侵害他人之權利，致受損害者」是「侵權行為」，舉例上便可以用「某甲開車超速不慎撞傷某乙」來說明。

　　千萬記得，舉一個好例子要勝過說十個好理論。如果對於每一種概念，我們都能清楚地用舉例的方式加以說明的話，那麼可以肯定我們對於這個概念的掌握程度，必定有相當的水準。

能不能用圖像、圖表等方式表達出你的概念？

　　舉例說明概念固然是一種好方法，此外用圖像，或是製作圖表的方式，把概念及理論原則等做一番釐清，也是很實用的方法。

　　圖像是指以圖案的方式，或記憶，或理解相關的法律概念。一個簡單的圖樣，可能蘊含許多複雜的文字敘述在內，但圖像本身就已經可以「提示」足夠的資料了。圖像是直觀的，能夠最迅速地表達對概念與原則的理解，並且有助於記憶的聯想：看到某個圖，可以讓我們聯想到某種觀念，把圖和觀念結合起來聯想，這就形成了記憶的印象。

　　比如說，我們看到綠色圓形的STARBUCKS招牌，自然而然就可以聯想到咖啡。這種STARBUCKS的圖像就是一種提示的記憶方式。相同的方法應用在觀念的結構建立上，圖像也可以輕鬆地連結各種概念：例如我們可以用漫畫的方式，表達海商法第24條有關「海事優先權」的規定。

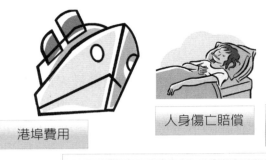

圖表也是簡化與釐清概念的好方法，例如以圖表比較合夥與無限公司的區別：

比較類型	合夥	無限公司
權利能力	無	有（法人）
登記必要性	無必要	成立要件
目的	廣泛，包含非營利	營利
所有權形式	公同共有	公司單獨所有

　　在結構的建立上，圖表是非常簡便的工具，應該要多多利用。

能不能用簡單的一般語言，向外行人解釋某項法律問題？

　　最後，也是一種很實用的檢驗方式：你能不能以簡單的一般語言，向一個完全不懂法律的外行人解釋艱深的法律問題，或是法律概念？

　　透過向外行人解釋自己的法律概念，可以訓練學習者將其所習得的概念去蕪存菁，更加地錘鍊與系統化地整理自己的法學知識。一般受過法學

訓練的人，可以很輕易地跟上相關的討論，對於專有名詞的掌握也比一般人要來得精確多。然而，就一個外行人而言，在概念的講述上，如果不是很清楚，很有條理的話，他是很難進入狀況去理解相關概念的。

也因此，訓練自己向法律外行人解釋相關的法律概念，從另一方面來說，就是重新整理歸納自己的法律概念，對每個細節都毫不放過。因為，如果連外行人都很清楚你在說些什麼，你對他們所提出來的問題在解答上也毫無困難的話，就代表你的法律概念已經具有相當的條理性與組織性，連最細節的部分都真正地融會貫通了，用各種表達的方式都難不倒你。

很多時候，外行人比內行人讓學習者的收穫要更多些。這是因為內行人在他的圈子裡久了，對每一項專業的問題都有其「倦怠性」。內行人過分自信的結果，反而不容易看出問題的癥結。但對外行人來說，每一個問題與每一項概念都是有趣，並相當容易引起他的注意。所以只要適當地和法律外行人溝通與討論，便可以修正或補強自己在學問上的盲點，讓自己的論理和論述更加的清晰與精確。

第 **9** 章▶▶▸
如何討論與聆聽

學習聆聽的重要性

　　在學校中，我們常常有機會去參與許多的學術研討會以及法學座談會等演講場合。而一場研討會下來，你是滿載著收穫回家，還是昏昏然地不知其所云呢？

　　如何在一場演講或是座談會中專注地聆聽演講者的內容，如何積極地參與座談會的討論，是非常重要的。成功地聆聽別人的意見與熱烈地討論學術的內容是一樣的重要，如果想要把法律學得更好，「聽」與「說」的訓練就不可忽視。

　　熟悉辯論的人都知道，真正辯論場上的強者，並不是在於他「說」了些什麼漂亮的言語，而是在於他「聽」了哪些關鍵的重點。掌握住別人言論的精要，就能夠掌握住自己該在什麼時候出招。專注的聆聽是有條理地掌握住重點的一種最好的訓練，只有聽對了，才能針對聽的內容，提出正確的問題與質疑。

　　聆聽別人的言論，其中有一些訣竅是可以掌握的：

討論的主題是什麼？

　　這也就是我們經常聽到人說的「主題意識」。所謂「主題意識」，在聆聽他人的敘述時，是非常重要的一環。擁有清楚的「主題意識」，才不會被輕易地擾亂論述的主軸。同時，擁有清晰的主題意識，也代表著我們可以依照論述者的方法，進一步地拓深論述的內容。

　　主題意識就像是指南針一般，無論論述概念的形式如何改變，透過主題意識的掌握，我們還是可以很輕易地回到問題的主軸上來。討論的主題雖然和討論的主題意識有關，然而，更重要的是，這個討論的主題，可以引出什麼樣的問題來？

　　也就是說，在面對一個討論的主題時，我們可以先試著提出幾個假設性的問題，然後，把這些問題記下來後，再對照論述者的說明，看看有哪些問題是已經被論述者所提出討論的，或是有哪些問題被論述者所忽略了。

　　論述者會忽略你所提出的問題，大多基於幾個原因：一是這個問題在論述的主題上，沒有被詳細討論的價值；二是這個問題的本身，可能根本就提錯了；另外一種可能則是論述者根本忽略了問題的存在，而疏於討論。

　　無論是哪種情形，嘗試著對討論的主題提出自己的問題，是一種掌握討論主題的可行方法。無論演講或是申論經過了多少時間、提出了多少論點，最後總是要回到主題上來觀察的，這也就是我們要掌握的第一個訣竅：討論的主題是什麼？

為何贊成？為何反對？

　　對於討論的主題，若是涉及到爭議性的問題時，往往會有贊成或反對的見解。關於這些見解的推論方式，必須牢牢記下，這樣才能夠在進一步的申論與討論中，引用這些推論的方式，作為個人的意見。

　　法律的推論，無論是贊成或是反對，通常是依照三段式邏輯的論述方法進行的。亦即大前提、小前提與結論。大前提通常是法律的規定，小前提則是個案的事實狀況，結論則是抽象法律與個案事實的「涵攝」結果。這就好像穿衣服一樣，衣服是大前提，個人的身材是小前提，而衣服穿的合身與否，穿衣的過程就是涵攝，衣服合不合身就是結論。

　　三段式的邏輯論證，無論在法學理論的論述上，或是實務的法律工作

上，都有著相當重要的地位。自然，在我們聆聽法律課程時，這種三段式邏輯論證的習慣就應該儘早地建立起來。只要習慣了這種論證方式，就能很輕鬆地抓住論述者的思考方式，進而也跟著論證其他相關的問題。

論述者的觀點是在哪一個面向上？

　　論述者所採取的立場不同，通常也會導致推論和結論的方向有所差別。所以論述者是以哪一種觀點、哪一種面向去分析問題的？聽講者對此即應先認識清楚。

　　例如，論述者若是以實務的眼光看某項理論的可行性，那麼，我們就應該朝著實務的意見演變這個脈絡，去抓論述者的推論方式。

　　如果，論述者的目的只在於提出修法的建議，那麼，我們應該注意的是現行法在論述者的觀察中，有些什麼缺點，而這些缺點又為何會因為修法而得到改善？從這個脈絡上去理解論述者的推論，就可以輕鬆地抓住他的論述重點。

與主題相似以及相對的概念是什麼？對主題做觀點的聯想

　　概念的相似性、相對性等問題，幾乎是每個論述者所無法避免要討論的重點之一。而在法律概念的辨異上，也往往是法律學者下最多功夫去準備的部分。因此，與討論主題所相似或相對的概念，便常常被論述者用來對照與充實其理論的內容。對於這些相似的或相對的概念，基本上，我們應瞭解這些概念是如何被操作或被解釋的。例如，討論的主題如果是「物權行為」，那麼相似的概念，例如「準物權行為」，就必須馬上被聽講者聯想與分辨。

　　往往我們在聽講時，花了很多時間去思考類似的學術名詞，而忽略了討論的主題。所以，如果在聽講時我們可以很快地將這些概念做清楚的辨異與聯想，概念辨異越清楚，聯想的觀點越多，就會節省更多進入狀況的時間。

事實上，這種辨異概念的功夫，無法一蹴可幾，只能透過平時閱讀與學習上的累積，慢慢地練習後才能達成。

去除掉情緒化的形容

在演講以及辯論上，有許多演講者與辯論者都喜歡運用華麗的詞藻與豐富的詞彙，藉以給人一種情緒上的印象。而這正是優秀的聽講者所應當竭力避免掉入的陷阱。

去除掉情緒化的形容詞，重新組織演講者的話語及內容，是一個優秀的聽講者所必須具備的基本功夫。表達上，我們可以使用許多的詞彙與形容，來加強我們論述上的力度，然而，在聽講時，這些詞彙與形容都應該迅速地拋棄，而直指問題與理論的重心。

例如：「我國因未能加入巴黎公約，亦無法成為該協定之同盟國，自亦苦了我國商標所有人，須依傳統之一國註冊，以各該國語文，依各該國法一一向欲尋求保護之國家申請註冊。被國際組織遺棄之孤兒，沿門托缽，情何以堪？」[4]

去除掉形容詞後，這段話的重點將成為：「我國因未能加入巴黎公約，亦非該協定之同盟國，須依傳統之一國註冊，以各該國語文，依各該國法一一向欲尋求保護之國家申請註冊。」

嘗試下各種標題以歸納論述者的見解

掌握演講者重點的方法之一，就是在心中對演講者的論述內容的各個段落，定下各種的標題，然後再將這些標題具體地寫在紙上，從中找出它們之間的邏輯性與關聯性，如此便可以清楚地掌握演講者的論述架構。

這種下標題的方式，可以說是一種歸納的方法。也就是說，化繁為簡，把複雜的內容，用簡單的標題去呈現，先把初步的結構骨幹抓穩了，

---

[4] 曾陳明汝，〈外國人智慧財產權之地位〉，收錄於氏著《國際私法原理》（上集），學林，2003年第7版，頁226。

再想辦法填進相關的推論與資料。

　　日常生活中，我們也可以運用這種方式練習對複雜的資料做標題式的整理。例如，在閱讀一篇報紙的社論時，可以從每一段的社論內容中，下一個自己認為適當的標題，然後把各段的標題再整合起來看一遍即可。這種視覺上的練習轉移到聽覺上，我們也可以在收聽新聞播報時，自己就記者的每一段新聞稿內容下一個標題，依序記錄下來之後，再看自己是不是真的理解整個新聞的內容。這種訓練對於概念與重點的迅速掌握，是很有幫助的。

用論述者的見解自行演繹理論時應注意的觀念

　　參與討論的目的，主要是在於釐清真相與概念，而不是在於辯贏不同的意見。也因此，在討論上使用對方的邏輯與推論，進一步地演繹理論，這也僅是為了檢驗對方的意見是否值得採納的一種方法，而不是用來「屈服」他人想法的手段。

　　以論述者的見解，自行進一步地演繹理論這種方式，比較要注意的是不能流於誇大。如果演繹的過程有錯誤，就應該請參與各個討論者適時地提出修正的意見，而不是陷入意氣之爭，認為自己的演繹絕對毫無錯誤。否則，自行演繹對方的想法，將很容易流於打口水戰，對於討論的氣氛與效率而言，毫無幫助可言。

　　透過以論述者的見解演繹理論，主要目的是讓我們處於論述者的立場去想問題。討論的可貴在於，學習到其他人對於問題的不同思考方式，也只有在同一個觀點上去看問題時，才能真正瞭解論述者是如何看待問題的，這樣的討論才比較容易達到溝通意見的效果。

正本清源

　　當討論陷入膠著，往往會產生難以繼續的現象。這時候，所謂「正本清源」的方法，便應該適時地被討論者所運用。

　　在討論的過程中，往往會有許多「岔題」的情形發生，而一旦岔題起了頭，往往就很難控制住。有些岔題是和討論的主題相關聯的，有些岔題則是與主題無關，卻足以干擾討論者的思緒。因此「岔題」可謂為討論之敵，對付岔題的方法，最有效的便是正本清源。

　　也就是說，當問題陷入膠著時，不妨回到當初所討論的主題來看，如果討論者都同意，在討論的主題項下有哪些問題是應該被提出的，有哪些問題是不需要討論的，那麼，正本清源的提出，便是將多餘的枝節問題部分斬除，直接回到問題的主幹中。然後，集中火力討論主要的問題，這樣才能保持討論時的效率，並進一步系統化論述的內容。

第 10 章 ▶▶▶
閱讀的方法

　　一本幾百頁的法律教科書，要怎麼閱讀及處理，才能從中有效率地獲取所需的知識？這是我們在這一章中所要討論的主題。

　　當然，有人常常會強調速讀的好處，認為看得越快就是越好的閱讀方式。但在此，我們並不是討論「該怎麼讀會比較快」這個問題，而是在討論「該怎麼讀最有效果」這個問題。也就是說，閱讀的時間並不是我們所關注的，重點還是在於，怎麼樣閱讀一本法律書籍，能夠讓我們有效地掌握住法律的知識。

環境塑造的重要性

　　閱讀首先要注意的，是環境塑造的問題。有關閱讀環境的要求，往往被人們忽略或低估。有些人甚至會以「讀書只要專心，在哪裡都讀得下」，作為反駁的藉口。但事實上，越注意閱讀環境的塑造，讀書效率也將越高。特別是像研讀法律這種專業性的書籍，如果沒有一個合適的閱讀環境，在層層的干擾下，也將降低閱讀的效率。

　　K書中心就是一種塑造閱讀環境的地方。在一般人的想法中，總以為閱讀環境塑造是要花很多錢的。其實，只要掌握幾個原則，我們也可以在非常經濟的情況下，改善我們的閱讀環境。

　　一個好的閱讀環境必須有以下幾個標準：

1.簡單

　　閱讀環境不需要過於複雜的工具陪伴，相反地，越簡單越好。一張桌子，一盞檯燈，便構成一個最簡單也最容易專心的閱讀環境，其他的配備幾乎都是多餘的。

在閱讀之前，環境的簡單性有助於提升閱讀的集中力。千萬不要在麥當勞、摩斯漢堡、星巴克或是過於複雜出入的公共場合進行閱讀。至少，不要在那種場合進行思考性的閱讀，這些出入紛雜，過於紊亂的場合，都是實行閱讀所應該避免的地方，不要以為你可以抗拒這種環境的干擾，事實上，一個嘈雜的地方對於清明的思考是絕對有害而無益的。

2. 整潔

閱讀時，維持桌面的整潔，也是非常重要的一環。乾淨而整齊的桌面可以去除不必要的雜念，並有利於記憶。同時，桌面的整潔也可以減少慌亂感，特別是在考試屆近的時候，桌面越整潔，越能給人一種安定的感覺。

許多人習慣在閱讀的時候，將所要閱讀的資料散落在自己最近的地方，或是把書本直接打開在已經閱讀的部分不動。這樣的做法往往使得桌面與房間看起來格外的凌亂。雖然，使用這種方式的人多半藉口是「這樣我才知道進行到哪裡」、「為了節省查詢的時間，所以這麼做」，但實際上，人的記憶往往有限，這種資料凌亂散落的情形，不但不會縮短查詢資料的時間，反而會使得閱讀者因為想找出適當的資料，卻不知從何找起，而浪費了許多無謂的時間。

「刻意的不整潔」只是反映了自己內心的慌亂而已，並不能夠幫助我們節省更多的時間。因此，與其浪費時間在這些慌亂的資料中找尋，倒不如善用書籤等工具，保持房間與書桌的整潔，這樣才能夠真正地提升閱讀的效率。

3. 一定程度的不便利

這一點聽起來似乎有點奇怪，但確實是如此。過於便利的環境容易使人產生怠惰的心態，也因此，如果在自己的臥室或套房中念書，這種閱讀環境因為在生活上過於便利，反而使人無法專心念書。

這也是為什麼很多人寧願「離家出走」到圖書館或是K書中心念書的原因，在充滿便利的家中，時而看電視，時而受電話干擾，時而上網，時

而到冰箱拿飲料……這些都是中斷閱讀的原因，也是閱讀的大敵。

　　因此，在環境上選擇一定程度不便利的場所，反而可以減少自己在閱讀上不連貫的情形發生，但這種不便利不是對自己生理上的不便，而是心理上的不便。因為環境的不便利，所以不會多想，剩下來的時間，就是念書而已。

　　不過，像這種利用環境不便利的反差來增進讀書效率的方法，還是要因地因人制宜，不要刻意的拘泥於不便利的「形式」（例如堅持要在深山的環境中念書），否則將適得其反，是宜注意。

閱讀時段分類的重要性

　　另一點在閱讀時值得注意的，是閱讀時段的問題。事實上，一天之中，有的時段適合處理比較偏重邏輯性思考的資料，有的時段則適合用來記憶特定資料的內容。不同的時段，應該隨著個人身心的調整，而各有其不同的閱讀規劃。

　　一般來說，普通人大部分的活動時間是在白天。也因此，在白天的時段中，適合的閱讀對象便是一些比較需要邏輯性思考的資料。夜晚的時間則比較容易靜下心來閱讀，這時候念一些比較偏重於記憶的資料，效果要比白天好得多。

　　當然，這只是指一般的情形而言，最重要的還是閱讀者應設法找出自己的閱讀時段，然後隨著不同的閱讀時段從事不同的資料閱讀。閱讀時段只要分配得當，閱讀的效率便會大幅提升。所謂「善戰者求之於勢」，閱讀時段分配得當，這個「勢」便造得好。在身心上具有優勢的情況下從事閱讀工作，當然要比胡亂念一通的情形要好得多。

首先，閱讀文章的標題及大綱

　　將書打開後，你將如何開始閱讀書本中的內容呢？首先，我們應該先將書本中所要研究的主題，有關的標題及大綱部分先看過一遍。然後，從

這些標題和大綱中，揣摩出作者的思考方向。

　　這種閱讀方法，有人稱之為「瀏覽」。但事實是，先行閱讀大綱及標題的部分，較之於無目地瀏覽要來得明確多。在閱讀這些大綱時，我們也可以試著提出自己的問題，並嘗試站在作者的角度「猜測」他會怎麼論述這些資料。

　　其實，閱讀標題大綱的這一步也是很有趣的，這可以讓我們更加清楚整個主題所將要發展的方向，在分析主題的同時，也可以使我們先行篩選我們想要瞭解，或是不想要細讀的部分，讓閱讀變得既主動又具有目的性。

其次，閱讀文章的每一段

　　閱讀標題及大綱後，接下來以每個段落作為單位，從中掌握每個段落的主旨。也就是說，對於每一段敘述的文字，都應該想辦法抓住在這一段敘述中，最重要的部分是什麼，然後，再把各段之間的聯繫性與邏輯性整理一遍，找出它們之間的關係。

　　每一個段落抓住一段敘述，這同時也是在訓練自己抓住論述重點的方法。而且對於日後的複習是很有幫助的。因為複習這些已經讀過的文章資料，不需要再從頭來過一遍，每一次的複習都應該掌握的是各個段落的重點，而不是浪費在重新開始的時間上。

最後，閱讀並注意文章的每一句及其用語

　　理想的法律文章，在一個句子中可以交代一個想法，一個段落中可以說明一個觀念。文章作者之所以用這個句子去闡述他的意見，絕對不是隨便寫寫而已。同樣地，身為讀者，也應該順著作者的思路，仔細觀察他所寫的每一句，到底這篇文章的用字遣詞有何實際的意義？有什麼重要的訊息要表達？

　　在這個階段裡，文章中每一句，甚至連專有名詞的運用，都應該細心

觀察。往往最細微的表達，正代表作者本身的立場。對於法律文字來說，迂迴地表達已經成爲一種習慣，而這種表達方式，若沒有相當的細心注意，是很難區分出其中的差異。

　　這也就是爲什麼常常有人會說，法律的書隔一段時間之後再看，每次看都有不同的收穫，其意義也在於此。有時候潛藏在文字語句敘述的背後，是由許多交雜的觀念編織而成，而這些潛藏的意義，也必須要靠這種精讀的方式才能發掘出來。

重組文章的内容

　　試著在紙上把剛才閱讀過的資料重組起來，順序可以不管，只要依照自己確信的方式去組織即可。

　　然後，把紙上所寫的東西再一次和書本的內容相對照，看看你的重點以及組織有沒有缺少或是誤解的地方，然後逐一修正。

　　另外，遇到不懂或是不理解的部分，不妨先跳過去，試著把問題記下來以後再予以擱置，等到重組完文章的內容，再倒回去看這些問題，是不是都得到解答了？如果還是不懂，那麼這個問題可以再擱著，先閱讀完整篇文章或資料再說。千萬不要因爲文章部分內容的不理解，而忽略了文章整體性的掌握。

索引的重要性

　　重組文章之後，接續的工作是製作索引。索引的功能在於便利日後的複習，一般來說，製作索引可以使用標籤紙或是書籤等工具，在書本醒目的地方劃上記號。不過，如果時間上許可的話，我們還是建議另外製作記錄一本有關資料索引的筆記，以增加其系統性。

　　這種資料索引筆記，分類的方式可以用專題的方式做區別，比如說，民法的部分，我們可以用「人」、「物」、「法律行爲」、「權利行使」、「契約總論」、「不當得利」等的專題，製作一頁的索引。在這頁

索引之中，記明了相關的資料出處與重要文獻的參考。日後在複習的時候，便可以很快地掌握住某一項專題的相關資料。

養成閱讀後製作索引的習慣是很重要的，只要用點心，在日後的複習與閱讀中，就可以更有效率地吸取知識，而不會把時間浪費在重新來過的慌亂感中。

工具的使用

一本書的寫作是整體的，文章之中也不會告訴讀者哪些該念或哪些不該念。一本長達四五百頁的法律書，如果不使用工具略微「加工」的話，對於書本重點的掌握將很難有顯著的成果。

所以，在閱讀上使用工具是必要的。同樣是視覺，圖形以及顏色所要給人的印象，往往比文字要來得深刻。也因此，除了圖形的製作以外，善於運用「色彩」在書本上加工，也是增進閱讀的一種竅門。

每種顏色對每個人的刺激感都不同，例如，紅色往往給人一種緊張感；綠色容易吸引眼睛的注意；螢光黃則有幾個好處，一方面在閱讀上可以清楚標示你認為重要的部分；另一方面，螢光黃在文件需要拷貝時，也不會造成太多的困擾；一般來說，影印機是顯現不出這種顏色的，也因此，螢光黃很適合用來作為文句的重點標示。

我們可以舉例，如何運用「顏色」加工書籍，以方便閱讀：

1. 重要的架構或標題，使用橘色或是紅原子筆圈出，以便讓架構看起來一目瞭然。
2. 重要的文句，使用螢光黃劃線。
3. 遇到有爭議的問題，使用螢光粉紅或是紅色筆標出。
4. 善用鉛筆，在頁邊做眉批，或是將需要再強調的詞彙或術語清楚標出。

　　也就是說，使用顏色對書籍加工之前，閱讀者必須自行先定義各種顏色對自己的意義，然後一一把書中的各項訊息、資料過濾，上色，日後再複習時，光是看到顏色就可以知道這本書裡有些什麼東西了。

國家考試篇

本篇主要針對國家考試的準備以及應考的方式，做整體的說明。在本篇中，我們將聚焦在以下幾個問題：

　　一、如何確立你的考試目標？確立考試目標有什麼重要性？

　　二、如何妥當地運用時間？準備考試應有的時間觀念是什麼？

　　三、如何調整自己的心態以應付各種國家考試？

　　四、國家考試是否有跡可尋？如何準備方向？

　　五、參加國家考試，是否一定要上補習班？補習班是做什麼用的？

　　六、答題有沒有什麼方式或是技巧呢？

　　七、應該要衝刺了，但如何兼顧身體健康？

　　八、如何著手進行國家考試的情報蒐集呢？

　　九、如何揀選一本適合自己參加國家考試用的書籍？

　　十、考試當天，在試場上我們應該注意些什麼？

　　國家考試的準備，是一場長期的作戰，希望讀者特別留意的是，**所有的準備方式，無論你採取哪一種，都要付諸實現才有意義**。事實上就考試而言，成功通過考試的決定性因素往往不是在於規劃本身，而是在於執行規劃的程度。勝出的祕訣只有兩個：**紀律**和**執行**。

第 1 章 ▶▶▶
目標的確立

動機一定要強烈

　　報考國家考試，首先最重要的是確立自己的目標。當然，這聽起來未免有點陳腔濫調，但事實是，如果考生對於國家考試的目標不明確，動機也不強烈的話，往往在心理上便容易產生怠惰，而招致失敗。

　　筆者教學至今已見過不少學生，有趣的是，凡是報考國家考試，卻抱持著「考考看」、「考經驗」心態而準備考試的考生，幾乎沒有不落榜的。在目標意識模糊的情況下，參加國家考試的結果只有讓自己成為砲灰而已，一點意義也沒有。

　　明確的目標是很重要的，有了明確的目標之後，並具備了朝這個目標前進，無論如何都要堅持下去的信念，才能夠成功。每個人參加國家考試的動機或許都不相同，然而，目標卻是一致的：那就是非通過考試不可。因此，參與考試的動機一定要夠強烈，才能夠在短期衝刺的過程中脫穎而出。以下，我們進一步地分析參與國家考試所應該具備的態度。

為什麼考試？

　　為什麼你願意花一年的時間去準備這個考試？這是第一個要問自己的問題。一年的時間裡，如果正當的工作，至少可以存個幾十萬元，然而你卻把這個時間用來準備國家考試，到底值不值得？

　　如果不考國家考試，那麼你能做些什麼？國家考試是否是你唯一的選擇？這是在思考是否成為國考考生的一員時，必須要追問自己的問題。如果你可以說服自己，那麼一旦確立了志向，就不要再動搖。

　　你必須告訴自己，國家考試是一場非贏不可的戰役，所謂「狹路相逢勇者勝」，你所要面對的對手，不是參與考試的考生們，事實上，他們只是與你一起參與這場戰役的士兵。真正的對手是改題的委員們：你要怎麼說服這些閱卷委員，你是一個專業的人士，而不是泛泛之輩？要知道，國家考試中，從第一名到第一百名中間的平均分數差距可能不到五分，在這麼激烈的競爭中，誰能夠展現自己，顯露出高度的戰鬥意志力與專注力，誰才會變成贏家。

　　如果你只是抱著姑且一試的心情應考，那麼我勸你最好不要參加國家考試。因為這種態度只會讓你更加地消極、被動地處於挨打地位，而成為國家考試戰場上的眾多砲灰之一。如果你顧忌太多，認為自己的實力不夠，國家考試只是你的試金石，那麼我勸你也最好不要應考，因為過多的顧忌會讓你的注意力變得渙散，讓你因為害怕而無法集中意志，到最後只剩下慌張和失敗陪伴著你，那麼既然知道是注定要失敗的，為何又要開始呢？

　　問清楚自己這個問題：「我為什麼要考試？」然後，給自己一個清楚又有力的答案，接著什麼也不想，就是準備往前衝而已。這種態度，才能夠讓你真正掌握國家考試的主動權，掌握住自己的命運與成功之鑰。

　　別以為這是泛泛之言，不信的話，你可以去問問那些上榜者，看看有多少人是在不堅定自己考試的意志下僥倖上榜的？每一個上榜者幾乎都會告訴你「上榜意志」的重要性，這並不是在故弄玄虛，而是都其來有自的。

　　在心裡給自己一個考試的理由，無論這個理由有多麼的荒謬或私人，只要可以讓你堅定意志作戰下去，它就是一個好理由。只要你確定了考試的意志，就要相信自己會無往不利。

　　拿破崙說：「我成功，因為我要成功，未曾猶豫。」道理就在此。

給自己多少時間和機會？

　　這也是在決定考試前，所應該列入考慮的問題。到底要給自己多少時間，多少次機會去參加國家考試？一般人以為，國家考試就是條不歸路，一旦踏下去之後，就無法再回頭。但事實上，這種觀念是錯誤的。國家考試並不是人生的目的，而只是人生的另一個機會。這個機會並不會因為流失掉就毀了你的人生，相反地，我們應該善用這個機會，去開創自己可能的人生。

　　也因此，時間和機會變成了我們首先要思考的方向。你有多少時間可以用？有多少次機會可以失去？對一個二十二歲剛畢業的大學生而言，就業市場的壓力或許可以利用國家考試來避免，但到最後他都必須要選擇一個適合自己的工作。而你，真的已經確認了國家考試所提供給你這份工作的性質了嗎？你確定自己真的喜歡這份工作嗎？

　　如果你不是那麼確定，但卻又想給自己一個機會，那麼我們的建議是，這機會最好少於三次。因為隨著法令的修改，新學說的提出與市場的變化，當初你所做的那些考試的顧慮，都必須要跟著這些變化做修正了。人生最佳的策略往往不是生涯規劃，而是在於如何順勢而為，發展你自己的潛力到最高的境界。

　　不要為了國家考試浪費自己人生太多的時間，這是誠摯的勸告。一個考試應該是給予並發揚你人生積極的一面，而不是消極地打擊自信、挫折志氣，畢竟我們不是依靠考試在生存的，不是嗎？

全心投入的重要性

　　確定了國家考試的目標，接下來要做的就是全心的投入。不要奢求一邊工作還可以一邊兼顧著國家考試，這種人畢竟是少數，而且非有相當的運氣不可。全心投入一場考試，就像士兵在戰場上一樣，你的思考，你的判斷都要在這個戰場上確實地發揮作用，稍微一點點的不留神，就可能讓你斷送了性命。

　　許多人有這樣的疑問：「準備國家考試，應該花多少時間念書？」或是「一天念書要幾個小時才夠？」事實上，這些問題都是多餘的。用量化的概念去思考該如何準備國家考試，是行不通的。重點在於，如何全心投入準備考試。一旦全心投入，多少時間都不會是問題，甚至你也不會感覺到時間的流逝。

　　全心投入有一個重要的原則，那就是摒除掉所有可能會干擾你準備國家考試的因素。這些因素可能有很多，需要一一檢驗。例如，住在家中，過多的家庭人口彼此干擾作息，那麼這種干擾就應該要將之排除。甚至於在家中可能因為生活上過於方便，一下子開冰箱，一下子逛網路，一下子吃東西……，這種情形也應該想辦法排除，不要讓干擾成為你準備國家考試的絆腳石。

　　去除干擾有幾種辦法，一種是忍受干擾，但通常我們可能高估了自己的耐性與拒絕誘惑的程度，所以忍受干擾並不是一個好方法；第二種方式則是迴避干擾，直接地躲開它。這種方式最有效，也最積極。換句話說，如果你認為在家裡面讀書，有許多的干擾因素，而你又不可能排除的話，那麼最好的做法是選擇一個家中以外的場所（例如圖書館或K書中心），進行考試的準備。

　　不要小看了這種小干擾與瑣事，事實上，這種瑣事放著不處理，累積起來也是非常可觀的。重點在於，千萬不要自己騙自己，認為你絕對可以克服這些不利於考試準備的因素：對自己一定要誠實，哪怕那是生活中的一點點漣漪，也必須要仔細地思考評估，是否你的準備工作會因此而受到拖延？

　　國家考試，是一場充滿耐力、毅力與集中力的比賽。千萬記得，如果你的態度只是無可不可地準備國家考試，那麼你的分數也將是無可不可地被人評價。一定要隨時問自己到底盡了多少力，到底用了多少心，然後毫不猶豫地修正與改正自己的作息與態度，如此才能敲開國家考試的成功之門。

第 2 章

時間的掌握

準備國家考試，時間的管理與掌握是很重要的因素之一。善於利用時間者，在國家考試的準備上自然占了許多優勢。而忽略時間的重要性，輕易地把時間消耗在無意義的事情上時，等於就是在浪費自己成功的資本。

對於時間的掌握與管理，有許多書籍都有提到相關的概念。而在這裡，我們要說明的是，如何掌握時間有效管理的原則，而不及於過於繁瑣細節的部分。

以下我們一一分析：

閱讀時間不宜過長

閱讀時間的長短，一向是準備國家考試的考生的迷思。一天念書超過十二個小時，甚至十六個小時的，大有人在。然而，閱讀時間的長短，是否就代表了考試準備的充分與否呢？

事實上，二者並沒有相當的因果關係。

閱讀的時間過長，容易引起閱讀者的疲勞與懈怠。想想看，如果坐上一班長達十四個小時的國際長途飛機，就已經夠讓人疲憊不堪了，更何況，一整天你都得待在書桌前去重複地處理與閱讀同一類資料，這類重複性的工作如果費時過長，只會更消磨你的精力而已，根本談不上有多大的效果。

從另一個方面來說，如果閱讀時間過長，也就意味著input（輸入）與output（輸出）的部分產生了不均衡的狀況。事實上，這代表考生只是一直放東西「進去」，而缺少發東西「出來」的練習。這對於準備考試整體能力的培養，是不利的。

那麼，多少的閱讀時間才算適當呢？我們的建議是，一天最好不要超過八個小時。

在時間的分配上，一天八小時的工作可以平均分配在早、中、晚三個時段，並且讓這些時段彼此間有連貫性（例如早上三小時，下午二小時，晚上三小時）。

我們不妨這麼計算：在八個小時的閱讀之外，我們一天中還有十六個小時可以自由運用。事實上，這十六個小時是刻意用來「放空」的。適當地「放空」閱讀時間，是讓自己有更多的時間可以反芻咀嚼所閱讀的資料。光是閱讀與整理資料，並不能夠保證你已經可以完全運用這些資料，你得讓自己的腦袋有適當的休息，讓它「自己」去整理和消化這些閱讀的資料。

超時的閱讀或許看起來很有效果，但實際上卻不然。而且，最糟糕的是，那種為了拼閱讀時數而熬夜念書的讀法。事實上，只要超過晚上十二點，就是第二天了，熬夜念書不但對身體有害，也是在向未來「借時間」。在工作效率以及時間管理上都是最糟糕的一種做法，我們非常不鼓勵讀者嘗試這種閱讀方式。

學思並進的重要性

「學而不思則罔，思而不學則殆」，學思並進是準備考試的重要習慣。這種習慣的養成，與時間的分配掌握有很大的關係。

如我們在前一篇的第五章所說，output與input在學習法律的過程中是一樣重要的。同樣地，我們也可以把這道理用在考試準備上。對於考生而言，最終的表現還是在於考場上的那一刻。也就是說，無論你肚子裡有多少墨水，在關鍵時刻無法發揮，就好像把自己的知識給冷藏起來一般，對於考試來說，終究是功虧一簣。

學思並進的過程，很重要的就是，你必須抽出一定的時間來做這種output的練習，例如演練考古題、與他人討論問題等。在準備考試上來

說，善用讀書會的功能就是一種很好的方式。

　　一天中在閱讀以外，至少要花上一兩個小時重新思考與整理這種output的功夫。勤於手寫，勇於討論，會讓你的考試之刀越磨越鋒利，將來在考場上才能無往不利。

善於利用零碎時間

　　所謂「零碎時間」，是指那種事務工作間所能「擠」出來的時間。例如等待公車的時間，或是等待捷運、等待洗衣機洗完衣服、上廁所、洗澡中等。

　　這種「零碎時間」看起來被不完整地切割，而無法被有系統地運用，但實際上這些時間的總和要是加起來計算的話，也是十分驚人的。例如等待捷運，在那短短的三到五分鐘之內，事實上你什麼都不做，那麼為什麼不想辦法利用這些時間來做一些有關考試準備的事情呢？

　　例如，拿起法條來閱讀，五分鐘之內至少可以看上個十條，又或者，拿個某年度的考古題題目出來看，然後在車上的時候可以慢慢思考如何解題，在下一個零碎的時間中再觀察自己的思考點是否與擬答相符。

　　也就是說，這些零碎的時間可以做一些比較零碎的，不需要動手的工作。在車上要看書籍資料內容，是比較困難的，甚至有的人會因為看書而暈車。那麼，我們便可以轉換一些方法，例如，聽聽上課或自己製作的錄音帶，以這種不需要用到眼睛的方式準備考試。

　　只要能夠善用這些零碎時間，你會發現，時間絕不會不夠用，重點只是在於怎麼用，把可能浪費掉的時間給找回來。

老神在在的態度

　　對於時間的掌握，一般人總是以為要用一種急匆匆的方式，很快地將東西做完，才算是掌握時間。這種想法雖然未必是錯，但卻不是時間掌握的重點。

　　對於時間的掌握，更重要的是在於是否使用了這些時間，徹底做好了一件事情。如果只是急匆匆地做完一件事情，而完成度或是完整度只有百分之七十不到，那麼就算是短時間的消耗，也是沒有意義的。

　　「把事情做好」是時間掌握上的前提。也就是說，我們之所以要掌握時間，是為了能夠因此把事情做好，而不是為了節省時間忽略了做好事情。節省時間不是目的，而是方法。

　　也因此，急匆匆的做事風格，往往只會讓你自己陷入慌亂與急躁中，而失去判斷的基準。想想看，如果你可以掌握住時間，又何必急匆匆地做事呢？

　　保持一種對事物老神在在的態度，把所有的工作都仔細地規劃好，這樣去進行你的考試準備，才能夠保證效果。不妨這麼試試看：早上起床前先賴床個十分鐘，這中間把早上該做的事情先後次序想好，然後起床後一一記下，再有條不紊依次地進行自己的讀書計畫，這樣做的話效率一定提升，你又何必急匆匆地起床，漫無目的地亂衝亂念，到最後弄得自己累得半死呢？

第 3 章 ▶▶▶
心態的調整

　　你正在用什麼樣的心態準備國家考試呢？或者，你想當一個公正廉明的法官，或是當一個伸張正義的檢察官或律師，又或者，你只是想要找一份安定的職業，在職場上不需要擔心自己的後路問題。無論如何，只要你踏上了國家考試這條路，過去的一切都要開始歸零計算。

　　你過去做過什麼，念過什麼，和國家考試的成功與否並沒有什麼關聯性。在國家考試的競爭中，每個人都是公平的，這場考試只問你對它付出了多少代價，而不問你是什麼人。

　　只要你想參加國家考試，從現在開始，必須要放棄過去我曾經有過如何的輝煌經歷這種念頭：你的頭銜對通過國家考試一點幫助也沒有。

　　一個法學碩士，可能會考輸一個同等學歷的考生，這一點也不稀奇。因為考試就是這樣，你付出了多少，它就回報你多少。不要以為獎學金得主、優等生、研究所、碩士就是上榜的保證：沒有這種事，在國家考試中，什麼結果都有可能發生。

　　也因此，心態的調整對於參加國家考試的考生來說，是非常重要的。常常有些人考到最後，開始懷疑起自己，而變得退縮、偏執與憤世嫉俗起來，這些都是極為不健康的想法：想想看，擁有這種偏差與不健康想法的考生，就算考上了，會是國家社會之福嗎？

　　我們希望你在參加考試時，能夠有最健全的心態，以下幾點僅供各位考生參考，請隨時想想，是否你在參加國家考試的過程中，都想過了這些問題？

樂觀進取

保持樂觀進取的態度，是決定上榜與否的重要心理因素。人的潛能是必須被激發的，過多的負面訊息只會使這些潛能被阻礙，導致不利的結果。

樂觀進取的態度，往往是對一件事情的兩種不同思考方式，這種思考方式會影響到考生的步調以及整體的計畫，缺少樂觀進取態度的考生，往往在應付不必要的壓力上付出了太多的時間，這相對的也是一種無意義的消耗，就準備考試來說，保有樂觀進取的態度，是提升考試準備效率的最佳武器。

特別是在考前的一個月，許多的考生因為過度緊張，而將時間浪擲在不知所謂的行動中，使得考試的準備大打折扣。事實上，以考試的準備期來說，最後一個月正是「黃金月」，是最重要的時期，然而你如果在這個時期還陷在與自己的情緒搏鬥的話，不難想像你在考試當天將會有什麼樣的表現。

樂觀的人在考試前一個月，不會告訴自己：「唉！只剩一個月了，東西都沒看完……。」相反地，他會告訴自己，「好極了！還有一個月，我有足夠的時間把劣勢扳回來！」這種樂觀的態度正是考場上所不可或缺的，所謂「狹路相逢勇者勝」，樂觀的態度會給你更多的靈感與勇氣，在不斷接收這些正面的訊息下，考試準備的效率將會大大提升，離成功上榜之途亦將不遠了！

為職業？還是為理想？

你是為了一份職業而考試？還是為了一個理想來考試？無論如何，你的考試動機就算是出於再小的理想，或再小的願望，一旦下定了決心，就不要再回頭，聚集好能量，往目標直衝就對了。

筆者曾經聽過一個學長提起他準備國家考試的故事。這個學長平時在學校就是個很優秀的學生，在學弟妹之間也是享有盛名的人物，但是他準

備國家考試的過程，卻屢遭挫折，讓他備受壓力煎熬。

「那時候我到圖書館念書，頭上的安全帽都不敢拿下來，怕被以前我帶讀書會的學弟妹們發現我還到圖書館念書……。」他這樣訴說當時他準備考試時落榜的心情。但筆者卻非常不能認同這種想法，事實上，筆者認為這種想法根本是沒有必要的。

沒有人夠資格批評你參加考試的目的，同樣地，你也不要以為考試就能夠證明你的存在。事實上，沒有人會管你現在是什麼樣的人，在這個世界上，人們往往是只看到別人的成功，而鮮少注意成功者背後的付出。

不要以為大家都在盯著你看，這種憂慮是不必要的。也不要以為準備考試就是丟臉的一件事，或是重考的壓力讓你無顏見江東父老，這一切通通不重要，沒有人會注意失敗的你，只有你成功的時候，人們才會想急著一起分享。

就好像我們看團體照的時候，目光第一個落點總是在自己的身上一樣，每個人看的都是自己而已，他們甚至不會想起你到底念了多少年的法律。那麼，你又何必在意這些呢？只要是你自己的選擇，就要相信自己，只有你自己可以為自己負責，他人的目光或是冷嘲熱諷，就管他去吧！

人際關係的培養

準備考試的同時，不要忘記人際關係的培養。考試並不是讓你將自己與外界隔絕的一個藉口，相反地，你應該藉由考試重新整理你自己的人際關係，仔細思考有哪些部分是你的朋友與家人可以幫上忙的，把考試當成是一場你人生的聚會，歡迎每個人進來與你分享。

我們之所以強調人際關係培養的重要性，主要也是著眼於良好的人際關係是對考試準備有所幫助的。準備一場考試就像是準備一場戰爭一般，光是有戰鬥部隊是不夠支應的，良好的人際關係，就彷彿是作戰中最重要的補給部隊一般，就長期來看，維持良好的人際關係對於支撐一項耗時良久的考試工作，是必須的。

　　考試需要的補充，例如情報的蒐集、答題的修正以及重要資訊的分享等，都是必須透過他人的協助而完成；光是自己一個人悶著頭念書，事實上效果是很有限的。考試準備期間，最重要的還是在於考生能不能隨時掌握整個考場的動態，以及考題的趨向，以便於隨時確認自己進行的程度與「所在位置」。而光是靠著個人的力量想要完成這些檢驗，是非常耗費力氣的。

　　也因此，人際關係決定了一場考試的優勢與否。我們最常見到的是考生認為自己獨自一人悶著頭念書，以為這種方式比較不會受到干擾，能夠心無雜念，是最理想的準備方式。但實際上這是錯誤的，自己一個人進行的計畫，往往不是流於主觀或是偏執，就是浪費太多的力氣在無謂的爭執點上，使得整體的進度被拖累。

　　並且，不與外界接觸的結果極容易養成怠惰的心理。這種怠惰的心理往往是準備考試的大敵，特別在最需要衝刺的考前一個月內，如果產生了怠惰的現象，是非常要不得的。怠惰的士氣會讓考生失去衝刺的動力，連帶使得過去幾個月的準備全部付諸流水。

　　「獨學而無友，則孤陋而寡聞。」因此，不要忽視經營自己的人際關係，良好的人際關係絕對可以為你的考試準備加分，同樣也需要考生用心的經營。

平常心與正常心

　　常常聽人家說「保持平常心應考」，這句話說來容易，但事實上往往很難做到。特別是對於一些容易精神緊張的考生來說，「平常心」幾乎只是一種奢望。平常的日子裡準備考試就已經夠緊張了，更何況考試日期越近，不慌張就不錯了，又要如何能做到「平常心應考」呢？

　　要做到平常心其實不難，只要注意以下幾個要點，就可以輕鬆掌握。

　　首先，養成規律的習慣，亦即培養出自己的一套「紀律方式」，透過這種方式，就可以達到平常心的效果。例如念書之前，可以習慣性地做一

些事情，例如擦拭桌面或是倒茶水等，就好像是一個儀式一般。

這種方式的原理和宗教儀式的原理是一樣的，宗教儀式的用處在很多時候只是讓信徒們可以透過這些儀式的進行，專注心志與安定情緒。不要忽視儀式的功能，如果儀式的進行對你集中注意力有好處，那麼你自然會因此排除掉一些不必要的情緒或雜念。所以，培養出自己的一套「紀律方式」，就如同一個儀式一般，可以讓你很快經由這種儀式的操作進入狀況，不妨一試。

其次，我們必須要知道人之所以會感到慌張，主要是因為幾個重點沒有處理好：對問題缺乏透徹的理解、對客觀情況的無法掌握，以及對自己缺乏自信。摒除掉這些慌張的因素，就可以讓你掌握住保持平常心的要領。

標準的做法如下：首先，我們找出讓自己慌張的問題出在哪裡，然後，再找出解決的方法。這種解決的方法並不一定要「真正地」解決問題，而是要給自己一個理由去相信你「能」解決這個問題。例如，你是因為對於客觀情況無法掌握，不知道誰會出題，或是不知道會碰到哪些題目而感到手足無措，這時候你就要告訴自己，事實上這是所有人都會遇到的問題，重點在於如何面對問題時，提出一套有力的解釋，表現出你是理解這個問題的。至於相不相信，就交給閱卷者了，不需要多想。

最後，我們必須說明的是，平常心其實源自於你對事物的專注能力。專注的力量越深，你越不會感到倉皇失措。在日常生活中，你就必須不斷和自己對話，透過和自己對話的方式瞭解你自己，培養對問題的專注能力。

事實上，專業與業餘的區別，也只是在於對某項事物專注力的高低程度差別而已。

第 **4** 章 ▶▶▶
正確的方向

考場如戰場

　　孫子曰：「未戰而廟算勝者，得算多也，未戰而廟算不勝者，得算少也。多算勝，少算不勝，而況於無算乎？」這講的是作戰的要訣，前提在於「先算」，也就是衡量敵我之勢，然後詳細地計畫、執行。若拿考試與作戰來比較，這句話依然可以用得上。也就是說，我們在考試以前得先問問自己，為什麼要花這些時間在這些資料上？花了這些時間以後，到底能得到多少效果？這個科目所能占全體考試成績的比例，究竟有多少？

　　正確的準備方向可以讓考生在國家考試上獲益良多。考場如戰場，必須有組織，有計畫，不能一味地亂衝，那是沒有用的。

　　在國家考試上，也有戰略與戰術兩個層次。所謂的戰略，是從整體考試分配的比例上著眼的。所謂的戰術，則是從科目的準備難易度上來評斷的。「戰略上要由重到輕、戰術上要先易後難」，這是準備國家考試時不變的、極為重要的一項定律。換言之，我們在準備國家考試之時，應該從大處著手，從易處開始。

　　以下我們詳細說明如何確定自己的準備在一個正確的方向上進行：

火力分配

　　如果想要在國家考試中脫穎而出，試圖以全科高分通過的方式，其難度要比策略性地集中火力在特定科目的方式困難得多。從現實的考慮有幾點：首先，全科高分的情形不但來自於自助，更來自於他助。就他助的

部分，是無法準確估計的，也因此在客觀上試圖以全科優異的表現通過考試，有相當的不確定性。

　　其次，純就考試而言，事實上不需也無甚必要成為全科的通才，才能通過國家考試。如果你仔細分析上榜者的共同經驗，不難發現他們或多或少都是因為特定一兩科的表現特別優秀，才從眾多的競爭者中脫穎而出的。

　　再者，我們在通常的情形下，很難看到一個法律的「通才」。這或許是因為個人社會經驗關係，也或許是因為個人的性向偏好所致，使得每個人即使在準備一樣的法律科目時，也會呈現特定幾個科目特別優秀，特定幾個科目特別文弱的情形。

　　我們要提醒的是：競爭的技巧不在於如何獲得壓倒性勝利，而是如何取得局部性的優勢。也因此，對於國家考試的科目準備，火力分配就成了一個很重要的觀念。

　　找出這個考試中關鍵性的幾個科目配分部分的關係，是我們在火力分配上第一個要考慮的事。或許你個人覺得行政法很有趣，也投注了許多心力在準備行政法上。然而在一些考試科目上，行政法的占分卻是偏低的。也因此如果你花費過多的精力下工夫去準備一個占分偏低的科目，事實上對你的考試，是極為不利的。

　　如同電影《教父》中的著名對白：「這純粹是生意（business），與個人喜好無關。」我們以律師考試第二試為例，分析並建議火力分配如下（這或許是一個你無法拒絕的建議）：

專業科目	類型	占分及比例	考試時間／日程
憲法與行政法	公法類型	200分	3小時／首日考
國文（作文與測驗）	普通科目類型	100分（作文60分，測驗40分）	2小時／首日考
刑法與刑事訴訟法	刑事法類型	200分	3小時／首日考
公司法、保險法、證券交易法	商事法類型	100分	2小時／次日考
民法與民事訴訟法	民事法類型	300分	4小時／次日考
選試（四選一）：智慧財產法、勞動社會法、財稅法、海商法與海洋法	選試專業科目	100分	2小時／次日考

　　律師新制考試第二試的通過門檻，係「本考試第二試及格人數按應考人第二試成績高低順序，分別以第十二條第二項第五款各該選試科目全程到考人數前百分之三十三為及格。計算及格人數遇小數點時，採整數予以進位，如其尾數有二人以上成績相同者，均予及格。但第二試筆試應試科目有一科目成績為零分或除國文、選試科目以外其他各科目合計成績未達四百分者，均不予及格。」（參考專門職業及技術人員高等考試律師考試規則第19條第2項）。仔細評估，除了國文以外，這些專業科目事實上總共約有十科。不過是形式上將各項科目重組為不同的類型而已。

　　由於每個類型的專業科目配分比例有些差異，因此在配分的比例上就必須要考慮一下投資報酬率。首先，我們應該先確定自己打算著重的「主力科目」為何。一般來說，主力科目最好選擇那種自己較熟悉、分數高，範圍較容易確定的專業科目，占第二試總分至少在一半比例左右（例如我們可以選民事法與刑事法作為主力科目，這些科目總分加起來就有五百分）。此外，還要注意到考試日程的安排。例如民事法類科雖然占三百

分，但因為是安排在次日考試，通常考試到了第二天，考生的身心狀態都會有很大的消耗，如此一來就得評估自己的實力與毅力是否足以將此一類科納為自己的主力科目。

在確定了主力科目之後，第二步就是做時間上的分配。於此我們建議，主力科目的準備時間至少要占整體準備時間的三分之二以上。不要妄想齊頭並進的準備方式，那只會讓你的分數被「齊頭並拉」。

將火力集中在特定的專業科目上，對配分做妥當的安排，才是真正掌握了成功之鑰。這對心理也是一大影響因素：在充分準備了幾個主力科目之後，通常心理會感到比較篤定，也會比較有餘裕的時間與心力去處理剩下的科目。火力分配是有效率準備考試的一項關鍵，考生不可不注意。

各科有不同的準備方法

考生要注意的是，事實上每一門法律專業科目，都有其不同的考試準備方法。當然，這並不是說如果考生不瞭解這些考試的準備方法，便注定要失敗，只是我們認為，靈活運用這些不同的準備方法，在時間上與精力上的投資，要有成效得多。

我們以律師、司法官考試為例，在實體法部分，民、刑法是最基礎的科目，所耗費的準備心力也最長。這種科目用短期衝刺的方式是不容易收到效果的，因為他們所包含的理論與實務意見牽涉極其複雜，需要長時間的分析與咀嚼才能夠累積實力，所以對於這兩科實體法的準備必須趁早開始，細水長流。

訴訟法部分，民、刑訴的重點在於如何熟悉整個訴訟體制的規範。所以這類型的科目在於法條結構與訴訟程序的掌握，並著重於實務意見的論述。也因此光是閱讀民刑訴的理論學說書籍，對分數的提升是有限的，這兩門科目因為其特性使然，都必須非常注意實務的見解，是以準備的技巧上必須非常留意實務意見的陳述，以及法條結構等細節。

民國100年後的律師、司法官考試新制有一項特色，就是增加了綜合

題型。綜合題型著重於如何將實體法上的權義或規定，具體地從程序上落實，因此訴訟法上的爭議問題將往往成為綜合題型的出題靈感來源。這種類型的題目非常重視考生對於基本觀念的掌握程度，因此考生平時在準備實體法時，就要多一點心眼，一併考慮一些後續的程序法問題：法律規定我有這個權利，那我應該怎麼樣對我的權利進行救濟？如何進行主張？會有什麼問題產生導致我可能無法完全主張我的權利？如果法律規定這種情形是犯罪，那要怎麼樣去追訴？憲法保障我有這樣的權利，行政機關有沒有侵犯我的權利？如果有的話我應該向哪個機關如何開始進行主張我的權利？又應該注意哪些在程序進行中可能影響到實體上判斷的問題等。同時，也應該多注意司法實務對於相關問題之最新意見。

商事法科目的特徵是法條少、爭議性少與技巧性高，所以這方面運用考古題作為準備方式，是最好不過的。這幾門科目基礎問題，從國家考試開始迄今，已經幾乎都被列舉殆盡，所以直接從考古題中切入準備，是對這類學科最有效率的準備方式，也最能夠彰顯這類型法律的特質。

行政法則是相對地複雜。事實上，如果沒有基礎的四大主科（民、刑法及民、刑訴）概念，行政法的中心原則是很不易掌握的。概念上行政法和憲法是結合在一起的，因為這類法律多半涉及到國家公權力範圍的問題，所以相關的司法解釋要比其他科目來得更為重要。大法官會議解釋及憲法法庭裁判是準備行政法時絕對不可省略的一大重點，此外，行政法院及行政機關的意見也極為重要，因為對於公權力的規範與私人與國家行政機關的關係，通常也與這些單位息息相關，而行政法的考試也多半側重於理論的陳述與對實務意見的批判上。

無論如何，各部門的法律就像各種人事一般，各自有著極為分殊的特性。所以只是用一種準備方式（例如用準備商事法的方式準備行政法），是絕對不足的。如何針對不同特性的科目做不同的重點準備，才是國家考試能否及格的關鍵。

勿因小失大

在準備考試的過程中，必須要時時確認自己的準備工作，才能夠不犯上顧此失彼、因小失大的毛病。有幾個重點可以提供考生作為參考依據的：

1. 現在念的這門科目，於我考試整體配分比例上有何重要性？
2. 現在念的這個問題，是許多學者都認為很重要的問題，還是僅一兩位學者獨獲的創見？
3. 現在做的這個整理，於我理解該學科整體概念上有何幫助？
4. 現在進行的工作本來預計多少時間準備完成，又花了多少時間完成？中間的問題是什麼？
5. 我要如何說服別人要花多少時間去研究這一個問題？或是如何告訴他人現在正在研究的問題的重要性？

學習解題

當我們專注研究一個法律問題時，很容易因為研究得過於投入，而忘記為什麼要做這項研究，失去方向。在這種時候往往就需要考題的輔助，來調整自己的準備與研究的方向。

學習解答考題，是很好的一項資訊整理練習方式，在嘗試解答考題的過程中，考生會將題目與牽涉到的法律概念、問題重點與解決方案做更有效率的表達處理。因為解題的重點在於如何標出問題，提供方案，而從問題／方案這種二元的準備方式中，可以讓考生明確地掌握應該說明的方向。要知道，一份考試卷上，考生不需要過於詳細地說明理論爭議與論述到極其細節的內容；因為時間上不允許，事實上也不必要。所以，學習以一種簡要的方式回答，並表現對問題理解的深度，對考生而言，是非常必要的。

學習解題同時可以避免考生在一些枝微末節的問題上過分鑽研，因此浪費過多不必要的精力與時間。我們一直強調「output」的重要性，其目

的也在於透過這種方式隨時清楚地掌握自己的準備方向，以避免考生過度執著，造成見樹不見林的窘狀。

戰略上由重到輕，戰術上由易到難

　　這可以作為我們上述原則的一項總結，正如前面所述，在國家考試上，有戰略與戰術兩個層次。所謂的戰略，是從整體考試分配的比例上著眼的。而所謂的戰術，則是從科目的準備難易度上來評斷的。準備國家考試，必須兼籌並顧二者，先從大處著眼，具體地衡量與規劃出自己的火力分配，然後依照不同的火力分配，不同學科的準備方式，從事不同的準備計畫。而戰術的部分，則是應當從自己所能夠掌握與理解的科目，所能輕易切入的問題點上去著手。把該掌握、能掌握到的東西先掌握住，然後再慢慢處理較為複雜與難解的問題。

　　這種方式同樣也可以運用在考場的臨戰技巧上：拿到考卷之後，我們先審題，觀察這份考卷上我們所應該著重的火力分布，然後就這些重點部分，集中火力去闡述說明，這就是戰略。而戰術上我們可以從這些重點題目中，比較容易的部分開始寫起，然後自然而然地打開主題架構去陳述。如此交互靈活運用這種戰略與戰術的技巧，可以讓你在考場上無往不利。傻傻地念，傻傻地寫，不如有組織、有效率地準備與表達。

　　請永遠記住，考試是最現實的，與個人的偏好和學術的成就無關，關鍵在於你是不是能夠比別人更有組織、更有效率地去計畫這一場戰鬥。

第 5 章 ▶▶▶
補習班的功能

非上補習班不可嗎？

　　「參加國家考試，是否一定要上補習班？」相信這一定是大多數考生的共同疑問。特別是自己一個人在準備考試時，很容易感到資訊焦慮，而覺得非上補習班不可。

　　考期屆至，各家補習班也總是以聳動的標語及廣告宣傳，刺激著應考人的信心。有的補習班甚至在考試的當天推出各種「考場祕笈」、「試題擬答」、「考前猜題」等招攬學生。面對資訊上的相對劣勢，補習班學生似乎總意味著比單打獨鬥的考生要占優勢得多。至少，心態上讓我們認為那是理所當然的。也因此，許多考生便毫不考慮地加入補習班的行列，認為補習班必定可以提供自己一條更有效、更「正確」的路走。

　　因為恐慌而加入補習班，是許多考生都有的共同經驗。確實，在資訊的整理與蒐集上，補習班要比個人來得有效率的多。但是，是否報名參加補習班，卻有幾個問題必須要先弄清楚。

補習班的角色應該是功能性的

　　補習班並非全能，而是功能性的。也就是說，如果試圖把準備考試這種工作全部丟給補習班，這種心態就是錯的。補習班只是站在輔助的地位，協助考生整理他所需要的資料而已，真正決定考試勝敗的，還是在於考生自己。

　　不妨這麼想，參加補習班的課程與規劃，只是你僱用了另一個考試的「助理」或「顧問」而已。助理或顧問的工作只是在於提供意見，整理所

需要的資訊，協助考生更有效率地取得所需的資料而已。不要將補習班想成是萬能的，或是以為要通過考試，就非參加補習班不可。事實上，隨著個人所能夠掌控資訊的能力越來越有提升的趨勢，補習班在完整情報蒐集的意義上已經越來越趨薄弱。

　　一個主動積極的考生，在擁有同樣的工具下，可能做出不亞於，甚至於超越補習班所能蒐集或理解的資訊。就資訊的更新來說，各家補習班因為其制度與管理的關係，常常無法做到相當程度的同步更新，這一部分就必須要靠考生自己去補強。雖然，在舊資訊的整理上，補習班的功能是無可置疑的，然而這些舊資訊，通常在一般的教科書中也都可以找到，更何況如果考生親手整理資訊，要比被動地接收他人所給予的資訊來得印象深刻多了。

　　因此，補習班作為一種參考性質的單位，其所提供的服務，在國家考試中所扮演的角色，也應該是功能性的。千萬記住，補習班只是為你所用，而不是你為補習班所用，兩者的關係不要本末倒置了。

視自己需求調整

　　既然我們說補習班的角色是功能性的，那麼對於補習班所提供的資料、文獻與課程等，也應該以一種功能性的角度，視自己的需求調整運用這些資源。

　　例如錄音的問題。有許多學生喜歡將補習班的課程錄音下來作為有聲筆記參考。當然，如果針對的科目只有特定幾科時，使用錄音機將老師課堂的內容記錄下來確實是一個好方法，而且錄音帶也有好處，當你在一個不利閱讀的環境中時，例如公車或捷運，你可以使用錄音帶、錄音筆、MP3一類的設備，用耳朵「聽」的方式獲取或溫習知識。或是找出特定的時間，把錄音帶中的內容再仔細地聽一次，以確定自己準備的方向與老師所強調的部分，是否有所落差。

　　然而，並不是每一門科目都需要用錄音的方式全程記錄，才能夠學

習的。事實上也沒有必要，全程錄音的前提在於，你能夠確定補習班老師的授課內容完全正確無誤，但事實上不可能。每一個老師每天的狀況都不一樣，對於問題的解析與掌握也不能保證都是正確與犀利的。因此，補習班上課的重點應該不在於「老師說了什麼」，而是你能夠從老師所說的內容，得到什麼樣考試準備的靈感與啓發。

又比如說資料的問題，一般而言，補習班都會提供自己的學員爲數不少的文獻資料，以作爲考試準備的補充。這些資料有的是新修正的法規，有的是新論文及理論的摘要，有些則是試題的解答。然而我們必須指出，蒐集這些資料對於考試而言，其實並沒有什麼太大的意義。一來是資料一多以後，花花綠綠地擺了整個房間都是，反而讓人看了心煩意亂；二來是這些資料其實大多只是延伸問題而已，很多部分是不必要的資訊。例如，某法院的座談會決議也被收爲資料一部分，但這種座談會的決議多半是言人人殊，對於實際考試試卷內容的充實與理論證明的效果來說，幫助都不大。與其照單全收，不如問自己爲什麼這些資料值得你閱讀並收藏。

總之，補習班所提供的設備與資訊，只是作爲整個考試計畫的一環而已，並不能代表全部。在準備考試的過程中，積極與主動的方式才能夠讓你脫離困境。一個善用補習班的考生，不一定需要全勤出席補習班提供的所有課程，如何分析自己的弱點，瞭解自己的缺陷所在，再藉由補習班的幫助更上一層樓，補習班的存在才有意義。

補習班解答不可盡信

一般補習班所出的考場試題解答，或是考古題試題解答等，在頁數上都是比厚的，用來墊桌腳不適合，拿來壓泡麵還嫌太重。而同時這也很容易給考生們一個偏差的印象：以爲試題的答案要寫得越多越好，要越長越好。因爲補習班的試題解答都是長篇大論，有些解答大概連盤古開天闢地都寫進去了，所以相信補習班解題的考生們，自然無形中想要學習這一類的解答方式，以爲那就是標準的答題方式。

　　這種想法是錯的，大錯特錯。

　　首先我們要指出的是，補習班所提供的答案稱之為「擬答」，也就是「模擬解答」的意思。既然是模擬的，在表達上就應該要窮盡所有的可能作答。所以你會發現，這類擬答的內容往往並非針對問題回答，也不是一套精簡完整的答案。換句話說，擬答的目的只是告訴考生，在哪裡有哪些資料和這個題目的答案是相關聯的，至於資料的進一步篩選，還是必須依靠考生自己去決定。

　　其次，在製作考古題或試題的解答過程中，往往很難去要求品質。一系列的考題研究，可能在甲補習班的老師認為是如此，而乙補習班的老師則認為不是如此。為了避免爭議過大起見，解題者通常會採取一種比較妥協與中立的態度，對爭議過大的問題做不著邊際的描述。而如果考生聽信了這一類型的描述，等於對問題還是一樣的不瞭解，如此，相信補習班的擬答，便顯得毫無益處。

　　如果你仔細計算過自己一分鐘能夠工整寫多少中文字，便可以發現，所謂的補習班擬答，很多時候根本是在胡扯。對於補習班而言，所謂的擬答，事實上也是另一種打廣告的方式，讓考生知道該補習班的講義及提供的相關文獻與資料的完整度，進而宣傳補習班對於問題的掌握與解答的能力。然而，如果我們仔細推敲，可以發現這種宣傳手法和實際上可能的正確答案，還是有一段距離的。

　　所以，補習班的試題解答我們頂多只能將之視為一種參考的資料之一，而不是「答案」。真正好的試卷並不是補習班所提供的擬答，而是如何有邏輯、有系統地表達出你所知道的概念與資訊，字數多寡不是問題，解答的形式也不須照本仿傚，千萬記住：補習班的擬答只是宣傳的一種方式，是一種參考資料，而不是標準答案。

挑好老師

　　一個好的補習班，在師資的選擇上一定會給自己多一些彈性。也就是

說，作為一個體制健全的補習班，在同一門科目上，至少會提供兩位以上的師資，供學員選擇。這一方面是因為藉由儲備師資可以給補習班在業務經營上更具彈性，一方面則是因為對於老師授課的理解程度因人而異，不是每個人都會適應某一種教學的方式，為了方便學員選擇起見，完整的師資群是極有必要的。

也因此，選擇一個適合自己教學方式的老師，便顯得十分重要。所謂的名師並不一定是適合自己的老師，而名師也有不保險的時候。更何況有許多的補習班老師都是「兼職」工作，在他們忙完一天的工作之後，你要如何能夠保證這些老師上課可以完全不出錯，甚至一些所謂的名師，常常一次趕數十回的課，趕到頭都暈了，這種情況下又如何能保證其上課的品質？也因此，不要盡信名師。補習班老師的選擇，是你如何善用補習班資源的重要關鍵之一，有幾種老師的課程我們不建議選擇：

1. 課程講解時間安排過久者：這類型的老師通常在同一個課程上打轉耗費過久的時間，授課雖然鉅細靡遺，但實際上對於考試並無太多幫助。如果已經具備基本概念的考生，像這種上課類型的老師應該儘量避之為妙，另外找一個可以給你「整體」概念的老師為宜。

2. 經常變換上課時間者：這類型的老師因為外務眾多，所以不得不常常改變授課時間。而正因為外務眾多，也使得這類型的老師無法在教學上集中全力，有時甚至可能因此而出錯。像這種類型的老師課程也是儘量避之為妙，不建議考生選擇。

3. 經常授課岔題的老師：喜歡岔題的老師有兩種，一種是利用岔題來活化授課的內容，藉以加深學員的印象；另一種則是毫無理由地岔題，把與課程毫不相關的笑話與議題全無章法地胡亂交雜。後者是考生應該要避免的老師類型，像這種老師多半是教學經驗不足，或是不夠專注、敬業的老師典型，考生沒有必要為了他們無聊的笑話與無謂的離題演出買單負責，最好還是避之為妙。

第 **6** 章 ▶ ▶ ▶
答題的方式與技巧

考試題目之類型

　　現行的律師司法官考試，採用兩階段測驗，第一階段為測驗（選擇）題型，第二階段則採用申論題型，兩階段各篩選百分之三十三的考生。在考試設定的目標上，第一階段主要目標為測試考生的基礎法學程度，而所謂基礎法學包括了下列科目：

綜合法學（一）	綜合法學（二）
憲法、行政法、刑法、刑事訴訟法、國際公法、國際私法、法律倫理。（共300分）	民法、民事訴訟法、公司法、保險法、票據法、強制執行法、證券交易法、法學英文。（共300分）

　　在測驗題部分，由於牽涉的專業科目十分繁雜，因此考生要想在短時間內完全精熟這些測驗的科目，幾乎是不可能的任務。然而，這不代表放棄準備就是一項好策略，畢竟考生還是得通過第一階段的考試，才有資格進入到第二階段。因此應當如何用最有效率的方式通過測驗題型的考驗，即成為考生所不得不正視的問題。

　　在測驗題的準備上，因為命題內容包羅萬象，範圍非常廣泛，因此對於短期衝刺準備國家考試的考生來說，最好的準備策略有兩個：第一個是確實地理解各科各項「專有名詞」及「學說」的基本概念，例如行政法上何謂「確認行政處分違法訴訟」、何謂「撤銷訴訟」；民法上何謂「不法管理」，與「無因管理」有何不同，像這一類的專有名詞，考生必須完全掌握它們的概念與定義，充分地理解，至少要做到能夠舉例；第二個則是

掌握實定法中相關規定與制度的「要件」，例如債權人以「侵權行為」請求時，需具備哪些要件、「略誘罪」或「竊盜罪」的構成要件、提起非常上訴的要件為何等。這些法律要件的掌握程度，與測驗題型中的實例題解答相關：要件掌握越確實，就越不容易對答案產生混淆。

在大部分的情形，測驗題著重的是考生對問題所應具備基本的辨識能力，所以對於各種法律概念的辨異，便成為考生準備測驗題型問題時所應特別著重之處。

筆者對於測驗題的作答策略，依然還是主張考生應該先做兩項評估：首先，應該進行測驗題的火力分配，占分較重的科目，應當優先準備；其次，則是面對測驗題型的問題時，應該要掌握幾項基本的原則：

1. 不要依序作答，應該先從有把握或簡單的問題開始作答

儘量養成依照試題難易作答，而非依照題次作答的習慣。看起來困難或是沒有把握的問題，應該放到後面再寫。這是因為國家考試的測驗題設計，對於試題的難易程度會有一定比例的分配，如果在過於困難的問題上消磨太多時間，卻對於相對簡易的問題匆匆作答，將極有可能造成該拿的分數沒拿到。所以答題前必須先花個幾秒鐘判斷是不是要對問題立刻回答，如果沒有把握，就在試題上面做個記號，跳到你有把握的問題繼續作答。

2. 題目敘述越短，越要小心

越短的題目，因為能夠判斷的資料與暗示也越少，因此意味著陷阱越多，越要小心。不要以為題目短看起來就是簡單的題目，有時候正好相反，這種短題目的選擇題，所需要解答的基本概念功夫也必須越紮實，否則極容易產生混淆。

3. 不要在一個問題上耗費過多的時間

以律師司法官考試來看，考生在3小時內要完成150題，平均一題所耗費的時間為1.2分鐘，幾乎等於是搶答，也因此應該儘量挑有把握的題目做完，而不要在一個難題上耗費太多的時間去思考。

4. 相信自己的直覺

　　如果你面臨一個根本不知道該如何回答的問題時，應該怎麼做？事實上，在時間的壓力下，最佳的策略應該是相信你的直覺——就選擇你第一眼認為可能的答案吧！反正最後都是碰運氣，何不乾脆就跟著自己的法感走，答對的可能性還要高些。

　　在申論題方面，一般申論題的題型可分為兩種。第一種稱之為理論概念題型，也就是以一個或數個法律概念或純粹理論問題，測試考生的法學程度；第二種則是實例題型，通常是以一個法律案件事實，做歷史性的敘述，然後要考生對於題目做基礎的法律分析，藉以測試考生對於法律問題理解的程度。

　　就答題而言，一般我們可以將評分的標準分成兩項：得分要件與加分要件。得分要件是指在一個題目中，出題者所希望答題者回答到的問題點與完整的推論。加分要件則是指得分要件以外的，非出題者所預料的答題點，而答出後具有錦上添花效果的推論與敘述。

　　一般考生最容易犯的毛病在於，忽略了得分要件，而著重在加分要件下功夫。這是一種捨本逐末的答題方法，但其盲點卻常常被考生們忽略。特別是在實例題中，這種缺陷就更加地明顯。往往考生只著重在於回答自己認為是重點的部分，而忽略了其他可能討論的點，使得答題的內容顯得不夠全面。

　　考生必須要清楚地認知，在答題時，主要只是告訴閱卷者，這個問題牽涉到哪些的問題點，相關可能的推論與結論是什麼，而我的看法又是什麼，如此而已。往往考生最容易犯的毛病在於，試圖告訴或說服閱卷者自己是怎麼樣看這一個問題的，而不是站在第三者的角度去分析與論述問題。

　　也因此，我們在此推薦的答題要點便可分為以下幾項進一步說明：

答題必須簡單扼要

你不是在寫一篇論文，而是在答覆一個問題。所以不需要去聽信什麼起承轉合那一套，一個好答案不在於如何修飾或形容答案本身，而是在於能不能讓人一望即知你的重點所在。

也因此，文白交雜的情形在答案中應當要避免，你不是梁啓超，也不是胡適之，沒有必要自創文體。答案就是把問題羅列出來，告訴別人解決的方法，簡單扼要為上，如此而已。

答題的方式可以選擇類似條列式的回答，一段介紹清楚一個觀念，一個論點，切忌把所有論點混在一起撰寫。如果不是很清楚這種寫法的人，可以參考公文的寫作模式，方法是一樣的。

答題不要鑽牛角尖

答題最忌不針對問題回答，總是繞山繞水地不著邊際打高空。如果今天問題是問效力，就不要連要件都答，除非這兩者有相當的因果關係。

題目的設計上為了考出考生程度，會考慮到一般性的問題。也就是出題者或閱卷者會對於考生回答問題時，預設其所應具有的基本答題要件。所以只要考生答出了這個問題的基本爭論點，都會有基本的分數。

不要將題目想得太難。有時候題目本身只是一種障眼法，是換個方式陳述而已。碰到乍看之下十分困難的問題時，通常只要用幾種方法就可以一一地破解：

1. 還原成完整句子

例如91年民法第二題，「乙向甲購買噴墨印表機，甲誤取雷射印表機交付，問甲在法律上應如何主張始能取回交付錯誤之雷射印表機？設乙將雷射印表機轉賣於丙，則如何？試分別說明之。」我們可以把題目還原它原本應該完成，但未完成的樣子，句子還原得越詳細，會越好理解。

比方說：「這個問題總共牽涉到三個人，甲乙丙。那麼現在要開始問

兩個問題。

　　第一個問題是：乙向甲購買噴墨印表機，兩個人之間成立了一個合法的買賣契約（所以這問題和契約有關）。現在甲誤拿了雷射印表機，也就是一個動產，交付移轉了所有權給乙，而這顯然是一個因為錯誤的意思表示造成的交付行為。那麼甲在法律上應如何主張，才能取回交付錯誤之雷射印表機呢？

　　第二個問題是，如果乙進一步又將雷射印表機轉賣於丙，乙丙兩個人有合法的買賣契約存在，但印表機有沒有交付不知道，那麼我們又要如何去解釋甲乙丙三個人的法律關係呢？」

　　像這樣去理解問題，是不是就要來得容易多了呢？

2. 畫關係圖

　　問題理解完畢之後，我們要如何在最短的時間之內，釐清所有當事人之間的法律關係呢？這就必須靠畫圖來迅速掌握整個問題的狀況，才不至於顧此失彼。這也就是我們常常在法律學習時所看到的架構圖與樹狀圖。這種依靠畫圖作為解題的靈感方式，在複雜的實例題中尤其好用。

3. 羅列所有的問題點，迅速整理題目的架構

　　避免鑽牛角尖，兼顧所有爭點的方式，就是讓你的答題內容看起來有組織、有架構。而組織與架構也並非憑空想像得來，尤其在有限的時間內，考生必須立刻組織各種不同題型的架構，沒有時間去慢慢想，真是談何容易。

　　所以，為了爭取時間，我們的解題必須要有步驟地進行。首先是分析題目，然後畫圖，接著則是列出所有可能的問題，也就是「法律爭點」（issue），這些爭點是中性的，必須清楚地標示出題目中隱含的問題意義。例如：「乙向甲購買噴墨印表機，甲誤取雷射印表機交付」短短的兩句話，我們就必須要列出可能的爭點：「乙向甲買動產這個行為是什麼？」「中間有幾個債權行為？幾個物權行為？」「這個法律行為有瑕疵否？屬於哪一種瑕疵？」「這種有瑕疵的法律行為的效果是什麼？」等，

然後按照這些羅列的爭點依序組織第一個問題的結構，說明甲在法律上應如何主張他的「請求權基礎」。

學習看出暗示

在申論題的題型中，大多是直接了當地要考生闡述某一項法律概念或定義，所以「暗示」的情形幾乎不存在（當然，也有人主張當看到某些題目寫著要考生「試申論之」時，大多是期待看到考生對這種申論型的題目歌功頌德一番。不過我們對這種說法持保留態度，認為還是不宜一概而論）。但在實例題的部分，這種「暗示」的情形卻常常出現。並且，是否看得懂出題者的「暗示」，也往往是決定得分的關鍵。

以前述民法試題為例，我們不難看出題目中「暗示」考生的重點所在。而考生也不需要花費太多的力量去描述過於基本的法律概念，比如何謂債權行為、何謂物權行為等與本題無甚關聯的東西，而是應該集中火力在探討瑕疵意思表示的法律行為效力（從「甲誤取雷射印表機交付」句中得到暗示），以及物權行為的無因性（從「乙將雷射印表機轉賣於丙」句中得到暗示）等衍生問題。

要看出題目中的暗示，除了臨場的反應以外，最重要的，是平常準備時對於各種基本法律名詞概念的掌握。只要基本概念清楚，就可以從題目中「套出」相關的暗示。此外，多多練習考古題，也是訓練自己如何體會題目暗示的好方法。

抽象的答案未必討喜

　　抽象的答案通常是沒有自信的表現，特別在解題的過程中，如果試圖以抽象的表達方式說明推論的中心，往往很難取信於閱卷者，而得到慘不忍睹的分數。

　　一般來說，即使在討論學理的法學概念時，考生也應該注意讓自己的答案儘量明確與具體化。對於沒有自信回答的問題，不要勉強回答，只要就自己所知的範圍內闡述說明便可以了。事實上，對於難題最好的解決方式就是誠實地面對它。如果試圖以迂迴的方式逃避難題，用抽象的答案換取「或許這個考生懂得問題所在」這種投機的想法，是不會得到閱卷者的同情的。

　　因此，當遇到不知所措的問題時，最有效的做法是就你所知的部分去完整地、具體地表達你自己的意見，而不要打腫臉充胖子式地做虛無飄渺的回答，這種回答方式於事無補，反而有害於閱卷者對於答題者的印象。

學習分點分項，綱舉目張

　　一個閱卷者在短短的時間之內必須解決許多試卷，對閱卷者而言，重點不在於考生寫了多少字回答問題，而是在於形式上是否可以讓閱卷者一目瞭然，理解到考生對這個問題已經有了充分的掌握。

　　對於法律初學者而言，因爲對於自己法學素養的掌握欠缺信心，所以在分點分項上，反而做得比法律老手要好的多。而法律老手們最容易犯的毛病，在於對題目的解答及舉證，偏向於「說服」閱卷者接受自己的意見。

　　這兩種立場的差異，使得閱卷者所給的分數往往讓人感到意外。重點在於，閱卷者對於是否被說服接受考生的觀點其實是漠不關心的，其所注重的在於考生是否確切地表達了一個法律問題在客觀上被評價的各種可能性。事實上，考生無法也不必要，在閱卷者短短的數十秒鐘判斷裡，期待寫出什麼驚世駭俗的文章或答案來。

也因此，學習分點分項主要是給閱卷者一個良好的印象，讓他能夠在最短的時間內做出對你認識問題水準的判斷。在分點分項的做法下，一份試卷並不需要以文章的方式呈現（當然，如果能兼顧文章的特性，是最好不過的。但那往往不是閱卷的重點），而是要給閱卷者看到他「想看的東西」。

使用「標題」標示出自己想要陳述的東西，是最快最有效的方式。標題要下得好，就必須靠平日的訓練，如何化繁為簡，把一個答案建構成有組織，有邏輯性的內容，讓人一望即知考生的程度，這是最重要的。

其實，分點分項往往也省卻考生不少鑽研在如何「起承轉合」文章的一些細節時間，可以有效率地、更直接而具體地指出問題的所在，方便閱卷者以一個客觀的角度評價考生的答題內容。畢竟，國家考試不是作文比賽，而是一場專業的競爭。

從重點與會的題目開始寫

破題，其實是答題上最困難的部分。我們從一般性的原則上來說，破題的方法應該從題目中最重要的關聯與重點中開始下手，等到這些點處理完畢之後，再處理細節末尾的部分。

而所謂最重要的點，因為各種題目設計的差異而有些許的不同。有時候一個題目很大，重要之點可能有兩三項，那又應該要如何下手呢？

我們的建議有兩種方式可以處理，第一種，我們找出其中的歷史性關係，從最後結論之點開始回溯討論起。例如民法的身分法問題，往往在實例題中會出現的問題都是結合親屬與繼承兩個範圍的混合題型。這種混合題型的問題通常是要考生說明誰有繼承權。那麼，關於何人有繼承權，在歷史的關係上我們必須要先確認當事人間的親屬（子）關係究竟是如何，以此為基礎，才能進一步討論到法定繼承人的繼承權問題。所以，題目中有關的親屬關係成立時點，就是我們首先必須要分析的。有幾個人可能有繼承權，就從那幾個人和被繼承人間是否有親屬（子）關係等問題上開始

探討。

　　第二種，我們在實例題中找出所謂的核心人物或事件，來判斷他們與周遭人事間的法律關係。例如共犯與正犯間的問題，這類型問題的核心事件或人物往往是指案件中的「正犯」而言。也因此在判斷行為人的罪責問題上，我們必須從正犯上去下手破題，接著再以共犯從屬性的理論方式論斷相關共犯的罪責。

　　弄對了解題的順序，會讓解答的過程順利許多。處理問題的過程一定是先觀察歷史順序，然後找出重要之點，判斷那個部分是比較容易著手動筆的，然後從那個部分開始寫。如此就能以破竹之勢，輕鬆地迎刃解題，輕騎過關。

　　我們以刑法的實例解題為例，向讀者說明相關的答題流程與思考方法：

　　【說明】要寫好刑法實例題，必須要先明白刑法運作的原理。因為無論刑法的理論或是法條有多麼的複雜，當我們碰觸到一個案件的時候，都還是必須要能夠正確地運用這些理論和法條，對於案件中的違法行為做出確切的評價。

　　也就是說，「定罪」是刑法的重心，也是實例題的目的所在。無論寫了多少字，最後都必須要對於實例題裡面這些「人」的行為做出評價，否則其他都是空的。因此，在面對刑法實例題的時候，思考的步驟就變得很重要了。在國家考試時，我們必須在很短的時間之內，把一個複雜的實例問題，用一套穩定的思考方式做快速的檢驗，這套方式必須靠事前的準備把它固定下來，就像打高爾夫球、太極拳一樣，我們必須先把「身型」確定架構起來，先把「架式」摸熟，像不像三分樣，架式熟練了，再來講究內功，講究技巧，這是在實例題考試中我們所要掌握的第一個原則。

　　因此，刑法實例題的思考「架式」，順序上大致為：

1. 拿到問題以後，先看有幾個「人」。也就是說，判斷是單獨犯，還是多數犯。

2. 然後我們要問，這個問題中的核心人物是誰？從這個核心人物開

始抓起。例如多數犯的情形，正犯是核心人物，所以我們必須先抓正犯，之後對於共犯運用從屬性原則論罪，就會很容易處理。

3. 有幾個刑法意義上的行為？行為的數目是接下來的考慮點。在我們確定有幾個被刑法評價的行為以後，才能集中火力對問題做進一步的申論。此外，行為的討論也會影響到最後一個階段，有關罪數的問題討論，所以必須優先處理。

4. 評價行為（運用犯罪三階論）。這裡算是整個實例題的核心，考生對於犯罪三階論中有關構成要件、違法性與有責性等各種可能碰觸到的基本問題與周邊問題等，都必須要非常熟悉，這部分的準備就要靠平時念書的真功夫了。

5. 最後則是罪數的討論（量刑、競合或是併罰等）。圖式的思考流程即為：

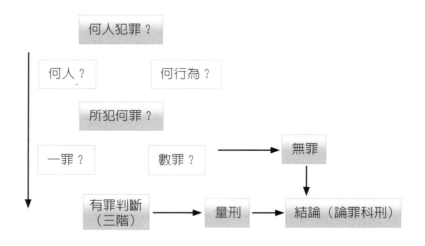

第 7 章 ▶▶▶
健康的身體

身體勇健頭一層

一邊準備考試，一邊也應該注意自己的健康。有了健康的身體，才能讓考試的結果有加成的作用。為了考試而丟失了健康，是因小失大，沒有什麼比這還要更划不來的事了！

健康與考試成績是相輔相成的，健康的身體在記憶與應變能力上都要占優勢的多。特別是因為國家考試是一場長期抗戰，如果沒有良好的身心狀況，很容易讓自己陷入許多意外的阻礙。

一旦身體狀況出了問題，就不要想好好準備考試了。也因此，自己的身體應該被列為整個國家考試作戰的一部分，以下我們再做進一步說明。

鍛鍊身體培養毅力

毅力的培養對於長期考試準備有關鍵性的作用，對於自己的計畫是否能夠持之以恆，有過人的毅力是不可或缺的。

什麼樣的運動可以培養毅力？我們認為，最佳的運動就是跑步，特別是長跑。

每天固定長跑時間在30分鐘以上，對考試有莫大的幫助。這是因為長跑的過程中必須大量補充氧氣，對於腦部的運作與清醒思考有很大的幫助。再者，長跑對於肌耐力與心肺的鍛鍊有很大的益處，除了消耗足夠的熱量，使考生保持良好身材以外，也可以讓考生預防因為長時間伏案所可能造成的諸多下半身疾病，並防止靜脈血栓的形成。

在長跑的過程中，讓經常運用的大腦可以獲得鬆弛與解放，預防腦神

經的衰弱，加強記憶力，並有利降低血脂與控制膽固醇。

關於長跑有幾個要訣：距離要長、步伐要小、速度要慢。特別是後二者，不要急著跑快，配合自己的步調，以跑起來不費力、不喘氣為原則。

只要能夠持之以恆，藉由長跑就可以培養出絕佳的意志力，並且對身體健康也有相當的好處。只是要注意不要過度勞累，還是以自己的體能衡量為準，逐次地增加跑步的分量與比重，更重要的是，一定要持之以恆，否則效果是有限的。

培養耐力

培養耐力的運動有很多種，例如游泳、有氧健身操以及背脊運動等，都是不錯的選擇。

游泳除了增加肺活量之外，也是讓全身都可以活動到的一項良好運動。特別是長時間的游泳，可以讓全身肌肉得到平衡，達到徹底放鬆的效果。

有氧健身操則是一種較猛烈的，富有韻律性的運動。一般做這種健身操基本都要在十五分鐘以上，才能收到效果。無論是高衝擊或是低衝擊的有氧健身操，對於血液循環以及體質強健都有很好的效果。特別是念了兩個小時左右的書，如果能夠跳上二十分鐘的健身操，要比閉目養神來得有用多了。

在跳健身操的過程中，也可以轉換心境。通過不斷的操練，可以將閱讀的情緒一直維持下去，久而久之，你也會發現自己的耐力增加了，而變得更加沉穩。

耐力來自於源源不絕的強壯肉體，而肉體和精神的平衡程度，正是耐力的高低指標。背脊運動也是其中的一項，拉拉肩，伸展腰，想像自己已經全身投入在考試的準備上，保持高昂的鬥志正是靠充沛的體力來維持！

培養思考力

　　注意飲食與生活作息的規律，是培養思考力的祕訣所在。疲憊的身體讓人無法清楚地思考，也讓人無法集中注意力，而飲食如果不均衡，對於長期用腦的考生們也是有負面的影響的。

　　營養專家認為，每當大腦進行思考活動時，葡萄糖便會被消耗。我們的大腦每日需要約一百三十克的澱粉質食物。假若攝取量不足便會導致血糖過低，引起精神不振、思考力減低、焦躁和發呆的現象。葡萄糖多半由澱粉食物轉化，例如米飯、麵包、水果、糖果、乳酪、麥片。

　　其次，高蛋白質食物也是製造促進大腦記憶和思維能力的重要元素。因此，多吃高蛋白質的食物有助於增強大腦的記憶和思考能力。營養專家認為每人每日平均需攝取約一百三十克蛋白質，這些食物包括了豆製品、魚類、肉類等。此外，中藥如人參、茯神、酸棗仁、龍眼肉、枸杞等也有相當的補腦功效。

　　除了注意飲食以外，採用「靜坐」，也會是很好的促進思考方式。靜坐可使人精神充沛，並有增進思考的功能。只要每日抽出一些時間，靜坐兩次，每次由十分鐘增至二十分鐘，再由二十分鐘加至三十分鐘，若能經常坐半小時，慢慢地體會，就能夠增進思考的效果。

　　靜坐有四字真言。所謂：「鬆、靜、守、息」。鬆，是將全身放鬆，頭部、兩肩、兩眉及口角，全身悉令放下，宜穿寬身衣褲。靜，是寧靜思想，不使七情六欲生起。守，是將意念安守丹田（小腹），令心聚精會神。息，是調和氣息，逐漸入於微、細、慢、長的狀態。

　　各家傳習的靜坐方式都有些許的不同，重要的是，給自己多一點空間和時間放空自己的思考，往往是最理想的促進思考方式，考生不妨一試。

第 8 章

情報的蒐集

情報取得的困難

　　對參加國家考試的考生而言，情報的蒐集一向是最頭疼的部分。國家考試不像學校的期中考或期末考，考生無法確定出題的老師是誰，出題上有些什麼傾向。也因此在缺乏精準情報的情況下，無法針對特定的部分考題事前做充分的準備。

　　然而，所謂的國家考試典試委員名單，多半是猜測而來的。許多人認為，國家考試因為典試委員的研究方向與喜好不同，使得整個命題的趨勢與方向也會因此而改變，而這其實只是一種猜測。真正的原因在於情報的模糊與無法掌握，使得考生們普遍出現恐慌，這種恐慌心態投射在蒐集典試委員的名單這類情報上，最為明顯不過。

　　事實上，我們無法精確地預測每一年的典試委員，而這種預測也是不必要的。原因主要在於，即使今年的典試委員名單出爐，我們也無法預測他就一定會朝自己個人的喜好方向去命題。進一步地說，即使典試委員今年命題，但這些題目也未必一定會被選出成為今年的考題（特別是採題庫命題的考試）。更何況考試分數最後決定權並非取決於典試委員，而是在改題的老師手中。

　　然而，關於國家考試情報的蒐集部分，是否就不必要，也無從著手呢？答案顯然都是否定的。我們當然不需要將國家考試想成是新聞時事測驗比賽，但也不能忽略掉國家考試具有領導學術潮流的這項事實。特別是在台灣，考試領導教學已經成為一項常態，當然這其中的問題與負面作用很大，但在我們無法完全改變這個普遍的現象之前，最佳的方式就是面對這個現象，找出應對的方案。在情報的蒐集上，有幾點是我們必須要謹慎

注意的：

勿輕信情報

　　情報的蒐集不難，但情報的過濾才是真正的問題。如何在眾多的情報中找出值得信賴與值得注意的資訊，必須要靠幾個標準判斷：

1.過於枝節的資訊必須予以淘汰

　　一般而言，國家考試並不會針對過於枝節的資訊設計題目，因此，除非可以確定這種過於枝節的資訊（如地方法院或高院的座談會、修正草案等），對於原來的法律體系或概念有重大的意義或轉變，否則相關的資訊是可以忽略的。

2.考前一週的新資訊可以不用看

　　因為考試的題目已經確定下來了，所以除非有重大變更的解釋或是法律案修正通過，否則這類型的資訊也是可以忽略的。

3.不要依賴補習班的考前猜題

　　這類型的猜題資訊，在補習班的立場，即使出現的考題和他所提供的資料毫無關聯性，補習班在宣傳上還是會盡全力把自己所提供的資料和考題聯繫上關係的。與其相信廣告，不如相信自己的實力，這種考前猜題的資訊往往只會擾亂軍心，徒增困擾而已，對於考試的幫助是極為有限的。

注意時事

　　時事，雖然一般來說對於法律考試的影響不大，但有名的時事案例卻遲早會成為考題，出現在國家考試中。因此，注意時事問題仍然是需要的，特別是爭議性高的時事問題，只要能夠援引說明，往往很容易吸引閱卷者的注意。

　　當然，我們並不需要像記者一般追著時事問題跑，畢竟時事問題只是在於啟發考生，如果碰到相類似的問題時，你要如何向別人解釋這些事件其中的法律關係？

　　事實上，留心時事也是一項很好的法律訓練，畢竟法律這門科目總是現實而入世的。所謂「法本屬人間事」，對於時事問題的注意，可以無形地在實例題的研習中獲得很好的練習，也對學習歸納案例事實很有幫助。

期刊論文

　　什麼樣的期刊論文應該要蒐集？什麼樣的期刊論文對考試有益？

　　一般來說，具有重大學術意義的期刊論文，大多是發表在各大學法律學報或法學評論中的論文。不過這些學報中，有些論文實在太過專業，反而對國家考試沒有什麼明顯的幫助。

　　但純就考試而言，各大學的法學評論要比一般的法學期刊所發表的文章，出現的比例上要重得多。這一方面是因為學報的文章對教授們而言較具有學術意義（特別是列為TSSCI）的刊物，所以自然在某些觀點上會較重視發表在學報中文章的意見。另一方面則是因為學報的文章，在嚴謹度以及知名度上，都要比一般法學期刊高得多，也因此學報的文章在參考價值上也相對地居於優勢。

　　以下列舉的期刊論文，其發表的文章內容均不可忽視（按筆劃序）：

1. 中研院法學期刊（全年二期，TSSCI）
2. 中原財經法學（全年二期，TSSCI）
3. 月旦法學雜誌（月刊）
4. 台大法學論叢（季刊，TSSCI）
5. 台北大學法學論叢（全年二期，TSSCI）
6. 東吳法律學報（季刊，TSSCI）
7. 東海大學法學研究（全年二期，TSSCI）
8. 法學叢刊（季刊）
9. 政大法學評論（全年六期，TSSCI）
10. 興大法學（全年二期，TSSCI）
11. 國立中正大學法學集刊（季刊，TSSCI）
12. 輔仁法學（全年二期，TSSCI）

最新實務意見

　　最新實務意見比較重要的部分，主要是大法官會議解釋與憲法法庭裁判，其次則是最高法院的判例或判決。不過後者的變動，則以具有理論上重大意義的判決或判例為準，一般的判決多半只是重申歷來的實務見解，所以不需要太過著重。

　　大法官會議解釋的效力等同於法律；憲法法庭之判決，有拘束各機關及人民之效力，並且各機關有實現判決內容之義務（憲法訴訟法第38條），也因此新的大法官會議解釋與憲法法庭裁判往往成為法律考試中所矚目的焦點。在準備上，大法官會議解釋與憲法法庭裁判的主文部分一定要仔細閱讀，而相關不同意見書也最好能夠一併瞭解（協同意見書則比較不是那麼重要）。因為要批判一號大法官會議解釋或憲法法庭裁判，最好的方式就是讓大法官「自己」去評價它。

　　實務意見或許讓人聽起來有些龐雜而無所適從，但只要能夠理解到，「重要與關鍵的」實務意見才是我們所重視的資訊這一點，那麼就不用迷惑於似乎是紛擾莫衷一是的法院見解。適當地篩選所需的資訊，才能善用情報，知己知彼，百戰不殆。

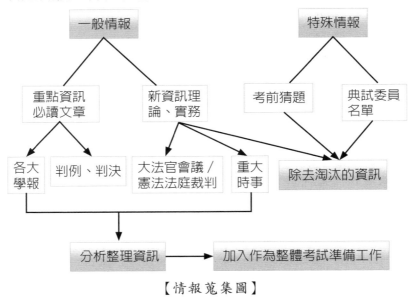

【情報蒐集圖】

第 **9** 章 ▶▶▶
書籍的揀選

書本就是你的武器

國家考試是一場現實而講求效率與組織的比賽，與深入研究法學的方法不同，關於國家考試的準備，也必須要講求有效地運用有限的精力與時間，以因應多變的考試型態。

書籍的揀選就是最明顯的區別。在一般法學研究的過程中，對於書籍的運用與選擇，並不如國家考試的準備那樣的嚴格。這就好像上戰場的軍人一般，如何把自己所能攜帶的有限物品在戰場上發揮到極致，才能成為一個優秀的戰士。如果在硝煙瀰漫的戰場上，還帶著罈罈罐罐的東西拼殺，豈不滑稽？書籍之於考生，猶如武器之於戰士。在每一個戰場環境下，每一種作戰環境中，戰士必須靈活地運用不同類型的武器，以求在戰場上取得最大的效能。同理，考生也必須要懂得如何揀選書籍，在不同的環境下靈活使用、閱讀與發揮不同書籍的功能，而不是一本書打到底，只有外行人才會那麼做。

有關書籍的揀選，我們提供幾個重點讓考生們參考：

有趣的書不一定有用

首先，有趣的書不一定有用，這是必須要注意的第一個重點。很多考生都輕易地忽視了這個原則，認為：因為這本書有趣，所以我願意念，所以對我有幫助。這種一廂情願的推論，其實是準備考試之敵。

考生必須要謹慎分析，何種書籍對考試有所幫助，何種書籍為必讀，而不可偏廢。對於有趣的書，或許在研究上來說是有益的，但這類書因為

它的趣味性，往往占去考生太多的準備時間，而容易使得考試的準備失衡。

對於這種覺得有趣的書，如果對於考試無甚幫助，倒是可以作為「課外讀物」轉換心情之用。例如準備四十分鐘的正式部分，用五分鐘隨意瀏覽這些你覺得感興趣的書籍。這種做法要比一個勁地死K來得有效多了。

而且往往這種瀏覽的方式，可以收到無心插柳柳成蔭的效果。人的注意力與無形的記憶方式是很微妙的，往往越不經意的事越容易記得起來。

無論如何，在篩選我們要念的書籍時，避免過度受自己個人偏好的影響，是很重要的一件事。有趣的書不一定有用，但有用的書絕對不能放過。

書籍分類的重要性

武器有長、短、輕、重，分別使用在不同的場合中。像重機槍火力足，卻不利搬運，手槍易於攜帶，火力卻有限。所以這些武器應該視場合的變化，分別它們的用途。同樣地，書籍和武器一樣，不同的書籍與不同的資料，應該在不同的時間裡被靈活地運用。

書籍分類是第一件要做的事，有些書適合打根基用，那麼就要早點開始看，慢慢研究與做摘要消化它。有些書適合整理爭議問題，所以比較適合考前約兩三個月開始研究。有些書則是偏重於解題或是架構整理，這類的書籍在考前一個月開始看，會收到最好的效果。

不要死抱著一本書，要知道這些未經分類的書，其實都是些原始的資訊，在還沒有「內化」成為你思維中的一部分前，這些原始的資訊都是廢物。重點在於，如何把這些原始的資訊的「材料」錘鍊成鋼，成為一把真正的銳劍，在國家考試的戰場上縱橫馳騁。

各種書籍與資料到手之後，首先我們先做第一步篩選，去除掉無重要性的資料部分，然後再做第二步的內容分類部分。我們可以將書籍內容分為必讀教科書、考前半年用書與考前三個月用書等三類，當然，在資料量

來說是遞減的。各項分類可以公法或私法等方式予以歸納，最後則是考古題的部分，與各項資料的彙整摘要併為考前三個月的準備資料。我們以圖表將書籍基本分類的方式簡單說明如下：

【書籍資料的基本分類】

書籍分類	有趣，但對考試無甚幫助的書籍	對考試有用，並且確定為必讀資訊的書籍		
使用分類		必讀教科書	考前半年用書	考前三個月用書
處理方式	排除資料	以瞭解基本概念為主	精讀	反覆演練並摘要及歸納心得

講義的優點

　　與一般教科書所不同的，講義這種資料，通常只是提綱挈領式地對學科做全面性的敘述。講義有優點也有缺點，缺點在其蒐集的資料內容往往過於簡略，不容易被讀者所理解。優點則是在於，講義是在最短的時間之內讓考生得以掌握整體考試資料的梗概，以簡單的架構與簡潔的語法說明概念與陳述理論爭議與內容。

　　許多法律補習班都會發售相關課程的講義，這些講義有的好，有的差，基本上都是互相抄襲，因為講義主要內容不在於作者個人創意，而在於是否能夠包羅萬象，有系統地提供各種理論與爭議問題解答。一般而言，講義的新鮮度是必須要注意的，有些「萬年講義」一用再用，一些相關的問題可能早已修法解決，講義內容卻沒有跟著修正的情形也常會發生。

　　原則上講義的內容，還是必須要考生自己去翻書配合查證。否則一些講義互相抄襲，以訛傳訛的結果，往往使得問題與爭議的重點失焦，考生也容易浪費許多時間在模糊不清、語焉不詳的講義內容上打轉。

　　善用講義的優點，可以省去不少在歸納摘要上的心力，講義的使用，屬於準備國家考試各種書籍類型中，投資報酬率最高的一種。閱讀講義其實就是跟作者走同樣的路，雖然這不代表是唯一正確的路，但至少是一條不會偏離太多錯誤的路。

　　可以確定的是，講義的內容不可盡信，考生自己也必須時常補充及修正、更新講義的內容。一些講義還會刻意在頁邊留下空白，以利考生自行補充與增減。無論如何，把講義變成自己習慣使用的工具，在考試的準備上是極為有利的；特別在準備考試的最後幾個月中，要做的準備事項，大部分都是在鞏固自己已經熟悉的各種理論與爭議點，如果有一本合適自己使用的講義，在最後衝刺的期間，對於穩定軍心與厚植實力，會有相當的助益。

第 10 章 ▶▶▶
試場的注意事項

細節為成功之本

　　養兵千日，用在一時。進入最後階段的試場時，又該注意哪些問題，避免不必要的干擾與影響妨礙自己實力的發揮呢？一般來說，國家考試的試場有兩類，第一種是在位於木柵的國家試場，第二種則是在考生人數眾多時，為支援國家考試進行而在各級學校所布置的試場。前者場地較為完整，所使用的桌椅也有一定的設備標準。後者則水準不一，特別是在國民中學所設置的試場，無論在桌椅大小以及交通的便利性來說，多半是良莠不齊。也因此，如果碰到這種試場時，如何改善或是避免這些客觀上的障礙，也是不可忽略的環節。

　　例如，使用軟性墊板，可以克服凹凸不平的桌面的問題，讓書寫順暢。又比如使用流暢的中性筆，要較其他的筆來得容易操作。諸如此類的芝麻細節，如果都能注意到，則對答題的進行是非常有利的。

　　除此之外，有一些重要的細節也是應該注意的：

注意天氣變化

　　天氣的變化往往會影響到考試時候的心情。特別是在不同的季節裡應考，因為氣溫的差異，使得應考的心情常常受到影響。

　　對於熱天裡舉行的考試，考生必須注意做好預防高溫的措施，像冰毛巾或是飲水的準備，在夏天中不可或缺。而在冬天中舉行的考試，則要注意保暖的措施，熱茶或是暖包等用品也是準備妥當為宜。

　　此外，對於因為天氣變化所可能引起的身體不適，也要注意用心預

防。特別是夏天，出入冷氣房的機率增加，忽冷忽熱的溫度與溼度的變化，很容易產生感冒或是鼻子過敏等病症。像這一類的情形就要儘量避免因為溫度變化所產生的疾病可能，讓身體習慣自然的溫度是最好的，否則如果身體因此被弄壞了，注意力無法集中，就不要說能考出什麼超水準的成績了。

注意文具、證件準備

相關的文具與考試證件等，是否都已經齊備了？這是出門參加考試前所必須仔細檢查的事項之一。

相關的證件包含准考證與身分證等，最好能夠事先裝在同一個夾子中，整理起來也較為方便。此外像文具部分，一般考生所使用的簽字筆與鋼筆、原子筆或中性筆等，也應該準備充足，至少要在兩支以上，以為備用。

另外，像橡皮擦或是修正液等東西，也應該事先預備好。一般來說，修正液要比橡皮擦方便得多，但使用修正液時，因為無法快速風乾，所以還必須要注意所要修改的部分，是否都已經確實在後來填寫了。

為了彌補修正液的不便，準備一兩支鉛筆，把準備要修改的部分先在旁邊寫上相關的字句，是很好的方法。而為了盡快理解試題的內容，適當地使用彩色筆標示題目的重點，也是不錯的方式。因此，也可以考慮帶幾支彩色筆，作為解題工具之用。

此外，時間的控制也是非常重要的。為求精確起見，最好能夠使用電子錶等產品，以掌握答題所需的時間。

不要討論試題

考完每一科之後，常常會見到考生在走廊上高談自己的解題步驟與內容，或是在當天考試結束後，聚集在一起研究相關的試題。我們要指出，這種現象是必須要極力避免的。

　　原因很簡單，無論考試結果如何，在考試當天討論考試題目對於考試一點幫助也沒有，反而容易引起心理的恐慌。試想，如果你的答案是對的，可以拿到高分，那麼討論又有何用？如果你的答案是錯的，是不理想的，那麼覆水難收，對於考試的結果還是沒有一點幫助。

　　也因此，考試當天的討論一點用處都沒有，倒不如把這些討論的時間用來轉換心情，從容地面對下一科的挑戰，要實際得多。討論試題這種工作，是在考試前就應該進行的，考試中必須要完全把這種念頭拋去，專心地應付當天每一科的考試，才是正道。

樂觀的態度

　　保持樂觀的態度，在考試當天是非常重要的一件事。人的心理是很奇妙的，當你認為自己正在順利進行的時候，不知不覺中好運就會跟隨著你。做起事來與其畏首畏尾患得患失，不如瀟灑地放手一搏，用樂觀進取的態度面對。

　　如果一直想到「唉，今年要是考不好就完了」，或是「這些題目實在太難了，看來這次上榜是不可能的事了」，這些負面的情緒只會把你的思考給阻塞起來，讓你從一個原本可能成功的機會點上退卻。

　　不妨這麼告訴自己：「今年是我狀況最好的一年」，或是「這些題目越難越好，因為對大家來說都是一樣的」，往積極的方向去思考，朝樂觀的部分去前進，只要順利解決了一個問題，這種積極樂觀的態度可以讓你持續戰果，以勢如破竹的氣魄解決第二個、第三個問題。

　　記住一個原則，幸運之神只會對樂觀者招手，無論有什麼不如意，在考試的時候要把它們全部丟到垃圾桶去，專心面對這個考試吧！這是你唯一的舞台！

謹慎飲食

　　考試當天的飲食非常重要，從早上的早餐開始，到中餐，乃至於第一

天的晚餐，在衛生跟營養的選擇上都必須要特別注意。

　　考試當天的早餐，必須注意衛生問題，儘量迴避乳製品，避免因為乳糖適應不良造成腹瀉或腹痛。早餐一定要吃，但不要吃得太多，八分飽就可以了。

　　考試進行間，儘量不要喝太多的水，除非你能有把握在考試前「排空」，否則，過多的水分攝取其實不利於考試，對思考也會產生障礙。特別是冰水或是冷飲，也要特別注意，通常市售的冰品或冷飲對於考生而言，風險都極大，沒有必要最好不要飲用。

　　考試當天的午餐，一般考生多半選擇以便當或飲食店所賣的餐點果腹。我們的建議還是選擇自行準備餐點為宜。主要是在於這些便當餐點雖然方便，但衛生上總是無法保證。在考試期間，飲食這類的「補給」是必須謹慎處理的，也因此選擇自行準備餐點，要比外食來得保險多。

　　不妨想想，再忙也不過就是這幾天而已，為了保險起見，謹慎注意飲食衛生是必須的，這也應該將之視為考試計畫的一部分。

準備衝刺資料

　　衝刺資料的準備，宜短不宜長，宜少不宜多，大概兩頁左右就可以了。這上面的資料，並非要寫得非常詳盡，而僅是很簡略的大綱，把爭議重點標出來即可。

　　衝刺資料約在考前三個月內製作，這些資料可以說是精華中的精華，重點中的重點，不妨想像你是一個補習班老師，如果要你選出某某法中最重要的前二十個問題，你會怎麼做選擇？

　　衝刺資料在考試之前準備，大約只要看二十分鐘就可以了。其他的資訊我們一律不管。接著，開始考試時我們可以在試題發下前先做做回想，有哪些資料的內容是我們還記得的，然後放輕鬆，如果記不清楚的東西，就暫時不要再去想它了。

　　衝刺資料作為一種輔助與安心的工具，僅是提示考生你曾經看了哪些

東西，而答題的時候，就以你所知的部分解答問題而已。不要奢求在考前半小時能力挽狂瀾，事實上，參加國家考試的考生，只要能夠把自己的平常實力發揮到七成，就已經相當不錯了。

　　也因此，爲了提高那百分之七十的實力，在平常的準備上就非得要有百分之一百二十的把握不可。無論如何，掌握在自己手中的，確確實實拿到的證照資格，才是值得我們肯定的。考試雖然不能保證一個踏實的人生，但是一個踏實地過著人生，努力耕耘的人，最後必將受榮耀、肯定與成功的光芒所環繞。

第 11 章

十個國家考試中常見的禁忌

　　國家考試有一定的公平性，也有一定的不確定性。不過，對於新手而言，常見到幾個答題上的禁忌卻是必須要避免的。以下是我們給予考生的建議，希望大家能夠謹記在心，不要在國考上犯了這些錯誤。

1. 不要抄題目

　　曾經有一種流傳的謠言是，國家考試抄題目也會給分。事實上這是不正確的，考生抄題目是浪費力氣，閱卷委員會自動忽略不看，如果整個答題紙上只有題目，那最後的結果就是零分。

2. 不要展現你的個性字體

　　字體有個性，寫情書或許是有些加分效果，但請相信這對國家考試一點幫助也沒有。特別是那種飄飄忽忽的，或是結構鬆散的字體（例如楚中天寫得像林蛋大那種），最是糟糕。字體過於潦草，讓答題無法辨認，也是扣分的依據，務請注意：你虐待閱卷委員的眼睛，閱卷委員也會虐待你的成績。

3. 不要繞山繞水不答重點

　　現在國考因為有附法條，很多考生都是先抄法條充版面。但坦白講這並沒有幫助，只是浪費時間而已，因為重點往往不在於法條的規定，而是涵攝的過程。開場白講太多學理，也沒有幫助，繞來繞去不針對問題回答，沒有得分點，最後就是低分的結果。

4. 寫多未必高分，但寫少一定分數不高

　　雖然說洋洋灑灑下筆千文，未必能夠得到閱卷委員青睞，但一題如果上面的作答只有三四行字，就算再怎麼言簡意賅，恐怕也是拿不到高分

的，除非你想讓閱卷委員僞造文書。

5.不要自作聰明把閱卷委員當朋友

火星文（例如：寫得不好請原諒:)）或是討饒文（我眞的沒念好，好後悔，其實題目不難……）又或是聖經、金剛經都沒用，因爲沒人認識你，面對現實吧，考不上，你就是nobody，你是來考試的，不是來交朋友的。

6.分點分項也要有個限度

分點分項很好，會讓版面看起來整潔，但也要有個限度。寫個一小題，卻分個二十點，這是怎樣？閱卷委員不會因爲你分的點越多就給你越高分，考生分點分項基本上閱卷委員不受拘束，重點是答題有沒有達到「重點」。所以，最好的分點分項，是「根據問題去分點分項」，這一題出題委員問了你三個問題，你的大分點就不要超過三個，否則他很難看出你要答題的體系，給的分數自然就不高。

7.不要寫成一團

除非你有王羲之般雋永經典的字體，而且今天考的是書法，否則寫成一團只證明你的腦袋是一團漿糊，眞的。

8.不要前後倒置

答題不要瞻之在前，忽焉在後，這世界上除了孔子和阿飄以外，沒人可以這樣做，最怕是那種答到最後又來個民生主義育樂兩篇補述的，寫得好就算了，寫得不好那就叫自曝其短，印象分數大打折扣。

9.不要直接寫答案

請注意你不是在做選擇題，實例題最重要的是推論的過程，也就是涵攝！涵攝！涵攝！你連親屬關係都還沒搞清楚，就直接跳到應繼分要拿多少錢，這樣也想當食神？有沒有搞錯？

10.不要自創法律名詞或是硬要區分不同見解

這是最最最讓人抓狂的，比如說自創「我國就繼承的理論，有採絕

對繼承說和相對繼承說……」，或是「我國繼受德國法制，在侵權行為上採用最惠被害者原則」，這種兄弟獨獲創造的法律見解，或是明明沒有爭議，還要瞎掰我國學說與理論有不同見解，以下分為甲說乙說丙說丁說我阿媽說等敘述之。

　　總而言之，請各位考生永遠注意一個原則：你寫出來的東西是有人會去看的，多為看的人想想，那就對了。

PART 4

結語

結語

　　我們這一系列的方法解說，在國家考試篇之後就算是告一段落了。

　　實在地講，即使上述這些「方法」的解說饒有創意，或是激發了讀者一些靈感與想像，我們仍要強調，這些方法或理論成功與否，最重要的關鍵還是在於讀者執行它們的徹底程度。一個方法，說它妙也好，說它笨也好，但總算是個方法，只要能夠被徹底地執行，總會達到目標的。

　　事實上，我們可以發現，很多時候方法只是一些學習原則的小變化而已，最終我們還是要回到這些學習原則，例如專注、效率、有組織、注重時間成本等。

　　因此在最後，我們願以孫子兵法中的一段話，作為本書的結語：

　　「凡戰者，以正合，以奇勝。故善出奇者，無窮如天地，不竭如江河。終而復始，日月是也。死而復生，四時是也。聲不過五，五聲之變，不可勝聽也。色不過五，五色之變，不可勝觀也。味不過五，五味之變，不可勝嘗也。戰勢不過奇正，奇正之變，不可勝窮之也。奇正相生，如循環之無端，孰能窮之？」

PART 5

附錄

留學散文隨筆

有趣與難題

　　雖然說起來已經兩年多了，我至今還是記得在巴黎一大念國際私法DEA（亦即diplôme d'étudesapprofondies，中文正式翻譯爲博士預備班）時的那段艱辛過程。每天，我從小閣樓出門，走向萬神廟旁邊的學校裡，中午時分在地下一樓大廳買個三明治，然後準備上課或是到102的系圖去。

　　那個DEA很操，特別對當時法文爛透了的我來說，接受他們的訓練簡直是一種殺千刀的折磨：三門必修主科中，一門筆試兩門口試，然後有六門的選修課要上，每一門也都要筆試。主科中的筆試若是未達標準，口試也不用去了，直接刷下來。

　　對我而言，考試裡耍嘴皮的部分我比較不擔心，難就難在筆試，一場考試下來往往發現自己句子這裡不對那裡欠缺，名詞陰陽性搞不清楚，介系詞亂用，動詞變化也是一塌糊塗。一科筆試在兩小時內結束，我還記得第一年考國際仲裁時簡直考得我都快哭出來了，到最後自暴自棄，只得再延一年。

　　在巴黎大學求學是很辛苦的，特別是資源的問題，每次總爲了借那一兩本書傷透腦筋，一個cujas圖書館雖然號稱有幾十萬冊圖書，確實資源頗豐，可真正要搶的時候其實也不容易，更別說把書借回家去看：每人只能借兩冊，兩星期歸還。那時候我除了上課時享受到那種古色古香的教室裝潢以外，其餘的時間幾乎都在跟自己的法文能力和耐性搏鬥，箇中甘苦其實夠寫一本論文的了。

　　不過，在那兒求學也不是全無收穫，事實上兩年這樣操下來，確實讓人長了不少見識，只是收穫的果實實在太苦澀了些。系上有一門課是國際契約法，上課的老師是厄賽（V. Heuzé）。厄賽大概只有四十出頭，跟密爾瓦特（H. Muir Watt）一樣，也是我們這個DEA出來的學生，人是那種有點調皮，愛開玩笑，滿幽默的一個人。那一年課程快要結束時，班上同學特別想要套他的話，問出考試的題目，但被他很技巧地閃躲掉了。於是他反問同學：「為什麼你們那麼在意考試呢？」

　　但厄賽老師的這番話，卻對我產生了很大的影響。常常我在深夜念書的時候就會想起，我是不是覺得現在念的東西很有趣？如果我看不懂現在的文章，覺得很難，那問題是出在哪裡呢？如果我是那樣熱切地想要獲得知識，那我為什麼又會去想難或不難的問題呢？

　　關於難題的生存或消滅，還真是一個難題。當然，從主觀上來說，毫無疑問地，厄賽是對的，但客觀上來說，的確也有許多問題是很有趣，但也很困難的。只是有時候我總會忘記該怎麼樣去面對這樣的難題。所以有時候我會想，或者我也應該來上這麼一段：

　　「唔嗯～對啦～是很難沒錯，但我們還是來看看吧，總有一些有趣的地方是我想知道的，那會是在哪裡呢？……」

（2005年8月8日）

論文不是學術的花朵

最近寫論文有一種感覺，無法完整表達，只得隨便記記。

做學問這件事情是很有趣的，你可以看你想看的書，思考你有興趣的東西，特別是看到了一篇好文章以後，那種興奮的感覺真的是只能用「拍案叫絕」來形容。

對我們這種活到現在大半生都在念書的書生來說，學術這玩意兒有著一種魅力：特別是它不存在壓力的時候。我記得以前在念美國物理學家費曼的傳記時，他曾說過自己有一段時間似乎得了物理倦怠症：他享受高薪高名氣的生活，卻對自己的物理學術生涯感到厭煩。

我還記得他最後是從一個飛盤的運動中解脫的，並且重新發現了物理的美，與他當初之所以熱愛這一個學科的原因（這個故事讓我很羨慕費曼，因為不是每個人都有這種好運氣）。其實在當年我讀到這個故事時，也正是我猶豫著要不要繼續從事法律這種學術研究的時候。我不只一次問過我自己，我喜歡法律嗎？喜歡研究嗎？我能享受學術給我的快樂嗎？而事情往往就是這樣，我向自己提了問題，我給了自己回答，然後呢？隨著時間的流逝，包括問題和解答，我都已經不復記憶。

最近寫論文也一再跑出這同樣的問題來。說實在的，學習這件事情對我而言真的是一種享受，包括閱讀，也包括聽講，但不包括考試，也不包括寫作。雖然我能認同寫作本身，特別是對我們這一行而言，在學術階段上檢驗的重要性；確實當自己的文章在刊物上出現時，那種感覺真的是很棒的，但這種快樂其實持續不了多久，因為我們自己都很清楚，學術這個東西並不會因為你寫了一兩篇滿意的作品而真有了什麼了不起的躍進（更慘的是，有時你寫完了以後，過幾個月再拿出來看，卻發現自己似乎對原

來自己的作品開始有種陌生的感覺，彷彿你從來不記得有這回事似的），日子還要繼續下去，我們仍只是這塊巨大的人類智力拼圖上的一個小卒罷了。

　　我喜歡念好的文章，一些學者的經典論文往往對我很能有震聾發聵的效果，很能讓我有朝聞道，夕死可矣的共鳴。但如果你要把這些經典論文變成試題來考我，或是教我重新組織一下弄出個新的文章來，那可是讓人痛苦萬分了。這就好像今天有人請你吃了一道美食以後，叫你馬上拉出個像樣的東西來瞧瞧一樣，好吧，這種比喻有點不衛生，但我是說，很多時候一些智慧的話語與經典的思想，是需要時間去醞釀與淬鍊的，硬要逼學生弟子們在領悟的片刻後馬上投入考試或寫作，這種做法本來就是不符合人性和常理的，但我們卻一直在做這件事。人生苦短，所以有時候我們不得不給自己一點壓力去逼些東西出來。但我仍然懷疑的是，這種不快樂學術基因──我假設它存在的話，會讓我們的智慧開出什麼更美的花朵嗎？就像薄酒來新酒和教皇堡紅酒一樣，它們都可以在市場上賣得很好，但我總是認為薄酒來的品質不如教皇堡的好，而品質這種東西，它可以是市場的，也可以不是市場的哪……。當然，我們也可以視競爭為一種享受，但這毋寧是在享受競爭的感覺，而不是學術的本身。我的意思是，當一個博士生被要求擠出一份博士論文時，那種學術的味道其實就已經非常淡薄了，因為我們基本上還是在完成一個工作，而不是去附和一項我們所真心認同的價值，這個價值可能只是來自於一個很單純的理由：求知。

　　所以，其實我在做的事情，並不是像別人所想的，是一項「研究」：它可能什麼也不是，最後也會被我們自己所遺忘，一切都是空虛，一切都是捕風。唉！如此說來，這朵叫論文的花，是長在它不該長的土地上，好壞，大概只能看運氣了吧！又，現在是法國時間凌晨三點鐘，嗯，我還醒著。

（2006年1月8日，於法國Strasbourg）

國家圖書館出版品預行編目資料

如何成功念好法律：法律人專業學習方法／林
恩瑋著. ――四版.――臺北市：五南圖書
出版股份有限公司, 2023.04
面；　公分
ISBN 978-626-366-001-4（平裝）

1.CST: 法律　2.CST: 學習方法

580　　　　　　　　　　　112004722

1QA2

如何成功念好法律——
法律人專業學習方法

作　　　者 ― 林恩瑋(122.13)

發 行 人 ― 楊榮川

總 經 理 ― 楊士清

總 編 輯 ― 楊秀麗

副總編輯 ― 劉靜芬

責任編輯 ― 呂伊真

封面設計 ― 陳亭瑋

出 版 者 ― 五南圖書出版股份有限公司

地　　　址：106台北市大安區和平東路二段339號4樓

電　　　話：(02)2705-5066　　傳　　真：(02)2706-6100

網　　　址：https://www.wunan.com.tw

電子郵件：wunan@wunan.com.tw

劃撥帳號：01068953

戶　　　名：五南圖書出版股份有限公司

法律顧問　林勝安律師

出版日期　2012年 1 月初版一刷
　　　　　2013年11月二版一刷
　　　　　2017年11月三版一刷
　　　　　2023年 4 月四版一刷

定　　　價　新臺幣350元

經典永恆‧名著常在

五十週年的獻禮——經典名著文庫

五南,五十年了,半個世紀,人生旅程的一大半,走過來了。

思索著,邁向百年的未來歷程,能為知識界、文化學術界作些什麼?

在速食文化的生態下,有什麼值得讓人雋永品味的?

歷代經典‧當今名著,經過時間的洗禮,千錘百鍊,流傳至今,光芒耀人;

不僅使我們能領悟前人的智慧,同時也增深加廣我們思考的深度與視野。

我們決心投入巨資,有計畫的系統梳選,成立「經典名著文庫」,

希望收入古今中外思想性的、充滿睿智與獨見的經典、名著。

這是一項理想性的、永續性的巨大出版工程。

不在意讀者的眾寡,只考慮它的學術價值,力求完整展現先哲思想的軌跡;

為知識界開啟一片智慧之窗,營造一座百花綻放的世界文明公園,

任君遨遊、取菁吸蜜、嘉惠學子!